논·술·세·계·대·표·문·학

46

쿠오바디스

헨리크 솅키에비치 | 이경애 엮음

H 훈민출판사

폴란드의 수도 부다페스트
– 시엔키에비치의 조국 폴
란드는 강대국 사이에 끼어
고난의 역사가 계속되었다.

The Best World Literature

로마 시의 전경 – 〈쿠오바디스〉의 배경은 고대 로마이다.

폴란드의 문화 궁전 – 〈쿠오바디스〉의 작가 시엔키에비
치는 폴란드 독립을 위해 평생을 몸바쳐 살다가 간 작
가이다.

로마의 상징인 콜로세움

로마의 에스파냐 계단 – 많은 관광객들이 몰려
드는 곳이다.

로마 시대의 원형 경기장

옛 로마 인들의 복장

트레비 분수 – 로마에는 고대부
터 전해 내려오는 유물들이 많이
보존되어 있다.

로마의 검투사 – 옛 로마 인들은 원형 경기장에서 벌어지는 검투를 즐겨 보았다.

The Best World Literature

그리스도 교도들의 성지인 예루살렘의 전경

로마의 대전차 경기장

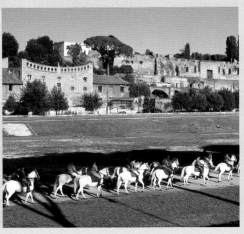

구인환(丘仁煥)

서울대학교 사범대학 졸업. 동 대학원 졸업(문학박사)
서울대학교 명예교수, 소설가(현). 서울대학교 사범대학 국어교육연구소 소장(현)
문학과문학교육연구소 소장(현). 국제펜 한국본부 부회장(현)
한국소설문학상(1987). 예술문화대상(1994). 한국문학상(2000)
작품 〈숨쉬는 영정〉, 〈살아 있는 날들〉, 〈일어서는 산〉 외 다수

- **저서** 《한국단편소설의 이해》, 《한국현대소설의 비평적 성찰》,
  《고교생이 알아야 할 소설》, 《고교생이 알아야 할 세계단편소설》 외 다수

윤병로(尹柄魯)

성균관대학교 국어국문학과 졸업. 동 대학원 졸업(문학박사)
성균관대학교 교수, 문학평론가(현). 한국현대소설학회장(현)
한국문예학술저작권협회 이사(현). 한국간행물윤리위원회 위원(현)
한국펜 문학상(1987). 한국문학상(1988). 대한민국문학상(1989)
수필집 《나의 작은 애인들》 외 다수

- **저서** 《현대 작가론》, 《한국 현대 소설의 탐구》,
  《한국 근대 작가 작품 연구》, 《한국 현대 작가의 문제작 평설》 외 다수

홍성암(洪性岩)

고려대학교 국어국문학과 졸업. 한양대학교 대학원 국어국문학과 졸업(문학박사)
동덕여자대학교 교수, 소설가(현). 한국문인협회 회원(현)
한국소설가협회 이사(현). 국제펜 한국본부 소설분과 이사(현). 한민족 문화학회 회장(현)
창작집 《큰 물로 가는 큰 고기》, 《어떤 귀향》 외
대하역사소설 《남한산성》 (전9권) 외 다수

- **저서** 《문학의 이해》, 《현대 작가론》, 《한국 근대 역사소설 연구》 외 다수

기
획
·
감
수

로마의 콘스탄티누스 개선문

논술 *세계대표문학*을 펴내며

21세기의 사회는 '**전자 문명 시대**'라 일컬어질 만큼 오늘날 전자 산업은 우리 생활의 거의 모든 분야에 다양하게 응용되고 있습니다. 출판 분야 또한 예외는 아니어서, 종래의 서책(Book) 대신에 이른바 '전자책(CD-ROM)'의 출간이 최근 들어 날로 증가하고 있습니다.

그러나 이러한 전자책은 영상 또는 모니터상으로 흥미 위주나 백과사전식 지식을 습득하는 데는 효과적일지 모르지만, 문학 공부를 위해서는 별로 도움이 되지 않습니다. 바꾸어 말하면, 문학 공부는 각 지면마다 살아 숨쉬는 표현 하나하나를 독자 자신의 머리로 음미하면서 작품을 읽어 나가는 가운데, 풍부한 상상력의 배양과 함께 작가의 의도와 그 작품의 내면을 깊이 있게 이해함으로써 이루어지는 것입니다.

이에 훈민출판사에서는, 자라나는 학생들이 범람하는 영상 매체에 길들여지기 전에, 어려서부터 유명한 세계문학 작품들을 책자를 통하여 감명 깊게 읽고 감상함으로써, 올바른 문학 공부의 기틀을 다지고, 아울러 전인 교육도 할 수 있도록 《논술 세계대표문학(전60권)》을 펴내게 되었습니다.

작품 선정은, 초·중·고등학교 국어 교과서와 역사 교과서에 실리거나 소개된 문학 작품을 중심으로 하되, 그리스 신화와 성경 이야기 등의 고전에서부터 중세·근대·현대에 이르기까지 세르반테스·셰익스피어·톨스토이 등 세계 유명 작가들의 장·단편 소설들을 엄선·수록하였습니다. 또 세계의 명시도 별권으로 엮었으며, 특히 각 단락마다 '**논술 문제**'를 제시하여, 장차 대학입시를 비롯한 각종 '논술 고사'에 예비 지식을 쌓을 수 있도록 배려하였습니다. 아무쪼록, 이 《논술 세계대표문학(전60권)》이 자라나는 학생들에게 문학 공부의 주춧돌이 되고, 나아가 미래를 살아가는 데 **정신적 자양분**이 되기를 진심으로 바라 마지않습니다.

훈민출판사

차례

쿠오바디스

시엔키에비치

지은이

1846~1916년. 폴란드 우쿠프에서 출생. 당시 폴란드는 옛 소련의 지배를 받고 있었는데, 시엔키에비치는 조국의 독립을 위해 싸우는 애국군의 지도자가 되었다.
〈쿠오바디스〉는 1895년에 씌어진 작품으로, 로마의 황제 네로가 나라를 다스리는 동안에 일어났던 일들을 다룬 소설로, 수많은 나라에서 영화로 제작되기도 했다. 그의 작품 중 〈불과 칼과 함께〉라는 작품도 유명하다.
시엔키에비치는 1905년 노벨 문학상을 받았다.

쿠오바디스

사랑의 화살

페트로니우스가 눈을 뜬 것은 한낮이 다 되어서였다. 그런데도 다른 날과 마찬가지로 몹시 피곤했다. 간밤에 네로가 베푼 연회에 참석하여 늦게까지 있었기 때문이다.

얼마 전부터 건강이 나빠진 듯한 느낌이 들었다. 매일 아침 눈을 뜰 때마다 어쩐지 몸이 나른해서 생각을 정리할 수가 없다고 혼자 투덜거리곤 했다.

그러나 아침의 목욕과 익숙한 노예들의 마사지 덕분에 곧 머리가 맑아지고 생기가 돌곤 했다. 목욕을 마치고 도유실에서 몸에 올리브 기름을 바르고 나올 때면, 마치 다시 태어나기라도 한 듯 몸이 거뜬했다. 그의 우아하면서도 당당한 풍채는 '풍류를 아는 사람'이라 불리기에 손색이 없었다.

오늘도 페트로니우스는 노예의 시중을 받으며 목욕을 했다. 목욕탕의 건장한 두 노예가 눈처럼 흰 이집트 산 삼베 시트를 깐 마대 위에 그를 뉘고, 향기로운 올리브유를 바른 손으로 그의 몸을 문지르기 시작했다.

바로 그 때, 손님 접대를 맡은 노예가 휘장 뒤에서 불쑥 얼굴을 내밀었다. 소아시아 원정에서 돌아온 조카 마르쿠스 비니키우스의 방문을 알리기 위해서였다.

"손님을 이리로 안내해라."

페트로니우스가 말했다.

비니키우스는 티베리우스 황제 때의 집정관이었던 대 마르쿠스 비니키우스와 결혼한 페트로니우스 누나의 아들이었다.

비니키우스는 코르불로 휘하의 파르티아 원정군에 속해 있는데, 전쟁이 끝나 로마로 돌아온 것이다. 그는 남자다운 용모에 젊은이다운 패기가 넘쳐흐르고 분수를 지킬 줄 아는 청년이었기 때문에, 페트로니우스는 그를 매우 좋아했다.

"안녕하셨습니까, 외삼촌!"

비니키우스가 힘찬 걸음걸이로 목욕탕 안으로 들어서며 인사를 했다.

"그래, 잘 돌아왔다. 아르메니아는 어떻더냐? 파르티아는?"

"전쟁은 신통치 않아요. 만약 코르불로가 아니면 이쪽이 질지도 모릅니다."

페트로니우스는 대리석을 깎아 만든 듯한 비니키우스의 몸을 바라보았다.

"조각가 리시푸스가 너를 보았다면, 지금쯤 넌 팔라티움 궁으로 통하는 정문 옆에 동상이 되어 서 있었을 텐데……."

그 말에 비니키우스는 빙긋 웃었다.

페트로니우스와 비니키우스는 냉실로 자리를 옮겼다. 방 한가운데에는 엷은 장밋빛 분수가 오랑캐꽃 향기를 풍기며 솟아오르고 있었다.

페트로니우스와 비니키우스는 실크로 싼 의자에 앉아 몸을 식힌 다음, 향유실로 갔다.

향유실에는 목욕을 마치고 나오는 사람들의 뒷바라지를 해 주는 눈부시게 아름다운 여자 노예들이 있었다. 그 중의 두 명은 흑인으로 마치 흑단으로 된 조각상 같았는데, 그 두 여자가 그들의 몸에 고급 아라비아 향유를 바르기 시작했다.

"구름을 모으는 제우스에 맹세코 하는 말인데, 정말 기가 막히게 뽑아다 놓으셨군요."

비니키우스가 노예들을 바라보며 말했다.

"그래, 양보다 질이 중요하지. 로마에 거느리고 있는 파밀리아(집에 데리고 있는 노예)는 모두 4백 명쯤 되지. 그 이상의 노예를 둔다는 것은 벼락부자들이나 하는 짓이지."

페트로니우스가 말했다.

"어느 곳에서도, 붉은 수염의 궁전에서도 이보다 아름다운 노예들은 찾아볼 수 없을 겁니다."

비니키우스가 말했다.('붉은 수염'이란 네로 황제의 별명이다.)

"네가 내 친척이니까 하는 말인데, 나는 바르수스처럼 이기적인 인간도 아니고 또 아울루스 플라우티우스처럼 엄격한 인간도 아니야."

플라우티우스라는 이름을 듣는 순간, 비니키우스의 눈이 빛났다.

"제가 아울루스 플라우티우스의 저택에서 보름 동안이나 신세를 진 걸 아십니까? 손목 부상을 당해 괴로워하고 있는 저를 플라우티우스가 집으로 데리고 가서, 의사에게 치료를 받게 해 주었습니다. 저는 그 댁에서 아모르(로마 신화의 사랑의 신)의 화살을 맞았습니다."

"정말? 설마 상대가 폼포니아는 아니겠지? 만일 그렇다면 너야말로 불쌍한 녀석이지. 그녀는 젊지도 않을 뿐더러 정숙한 여자야. 그렇게 어울리지 않는 짝은 상상할 수도 없구나!"

"오, 천만에요! 폼포니아가 아니에요."

"그럼 누구냐?"

"아, 저도 그게 누군지 알았으면 좋겠어요! 사실은 그녀의 본명이 리기아인지 칼리나인지도 확실히 말씀드릴 수가 없습니다. 리기아 족 출신이라 해서 그 댁에서는 리기아라고 부르고 있더군요. 색다른 집안이지요. 플라우티우스 댁 말입니다. 사람은 많이 살고 있는데도 마치 숲 속처럼 고요하거든요. 저는 열이틀 동안이나 그 댁에 있으면서도 그런 여신이 있다는 걸 몰랐습니다. 그런데 어느 날 새벽, 그녀가 숲 속의 샘터에서 목욕을 하고 있는 것을 보았습니다. 솔직히 고백하는데요, 저는 그녀에게 홀딱 반해 버렸습니다. 밤낮으로 그녀를 그리워하고 있습니다."

"노예라면 사면 되지."

"그녀는 노예가 아니에요. 리기아 족장의 딸인데, 그 어머니와 함께 인질로 로마에 잡혀 왔어요. 그런데 족장이 전사하고, 그 어머니마저 죽는 바람에 아울루스 플라우티우스 댁에 맡겨져 자랐답니다. 저는 그녀를 처음 본 순간 사랑에 빠지고 말았어요."

"노예가 아니라면 너에게 와도 된다. 그러면 내가 크리소데미스에게 했던 것처럼 너도 리기아를 마음껏 사랑하고 영화를 누리게 해 주면 돼. 하긴 나는 곧 싫증을 느꼈다만……. 그래, 내가 어떻게 해 주었으면 좋겠느냐?"

페트로니우스가 물었다.

"리기아를 갖고 싶습니다. 지금은 공기만을 안고 있는 제 팔에 그녀를 안고 싶습니다. 그녀의 숨결을 들이마시고 싶어요."

"노예가 아니라면 플라우티우스의 양녀라는 거냐? 플라우티우스가 그럴 생각만 있으면, 그녀를 너에게 양도해 줄 수도 있을 텐데……."

"그건 폼포니아 그래키나를 모르셔서 하는 말씀입니다. 그 댁에서는 내외가 모두 그녀를 친딸처럼 귀여워하고 있거든요."

"난 아울루스 플라우티우스를 잘 알고 있어. 그는 내 생활 방식을 심하게 헐뜯기는 해도, 한편으로는 어느 정도 내게 호의를 가지고 있지. 어쩌면 다른 사람들보다도 나를 더 좋게 생각하고 있는지도 몰라. 내가 도미티우스나 티겔리우스나 그 밖의 붉은 수염의 아첨꾼들처럼 고자질을 한 적이 한 번도 없다는 걸 알고 있기 때문이지."

"그렇다면 그분에게 말씀 좀 드려 주세요."

"그게 네 소원이라면 한번 생각해 보자."

"고맙습니다. 외삼촌에겐 늘 폐만 끼치고 있습니다."

아침 겸 점심인 식사가 끝나자, 페트로니우스는 잠시 낮잠을 자자고 제의했다.

"남의 집을 방문하기엔 너무 이른 시간이야. 건강을 위해 1천 걸음을 걷고 난 뒤에 반쯤 드리운 진홍색 커튼을 통해 비쳐드는 붉은 빛 속에서 낮잠을 청하는 것은 여간 기분 좋은 일이 아니지."

그런 다음 페트로니우스는 침실로 갔으나, 그리 오래 자지는 않았다. 반 시간쯤 뒤에 다시 나타나서 향을 가져오라 하여 냄새를 맡기도 하고 손과 관자놀이에 문지르기도 했다.

가마는 진작부터 대기하고 있었는데, 두 사람은 거기 올라앉아 파트리키우스 가에 있는 아울루스 플라우티우스 저택으로 가라고 명령했다.

페트로니우스는 잠시 손바닥에서 나는 향유 냄새를 맡으며 뭔가 생각하다가 말했다.

"너의 숲의 요정이 노예가 아니라면 플라우티우스네 집을 나와 네 집으로 가는 데 방해될 게 뭐 있겠니? 넌 그녀를 사랑으로 쓰다듬어 주고 호강을 시켜 주기만 하면 돼."

그러자 비니키우스는 고개를 저었다.

"아, 외삼촌께서는 리기아를 모르십니다!"

"그렇게 말하는 넌 그녀를 알고 있다고 할 수 있니? 너 역시 그녀를 잠깐 보았을 뿐 아니냐? 그녀와 말을 해 봤니? 사랑을 고백했어?"

"처음 샘터에서 본 뒤로 겨우 두 번 보았을 뿐입니다. 저는 손님용 별채에 머물렀고, 손이 아파서 집안 식구들과 함께 식사도 할 수 없었거든요. 그 댁을 나오기로 한 바로 전날에야 겨우 저녁 식사 때 리기아와 만났는데, 그 때 한 마디도 건네지 못했어요. 두 번째로 리기아를 본 것은 정원의 연못가에서였습니다. 그녀는 방금 뽑아 든 갈대의 끝에 물을 적셔 가지고 주위에 피어 있는 아이리스에 물을 뿌리고 있었습니다. 제 무릎을 보십시오. 이 무릎은 파르티아 군이 함성을 지르면서 우리 진영으로 구름처럼 몰려왔을 때에도 꿈쩍도 하지 않던 무릎입니다. 그런데 그 연못가에서는 덜덜 떨렸단 말씀입니다."

페트로니우스는 부드러운 표정으로 비니키우스를 보았다.

"행복한 녀석이로구나."

"그녀는 고개를 숙인 채 모래 바닥에 갈대로 뭔가를 그리고 있더니, 저에게 뭔가 물어 보려는 듯 쳐다보다가 갑자기 달아나 버렸습니다."

"도대체 그녀가 모래 위에 뭘 그렸지?"

"전 플라우티우스의 아들이 달려오기 전에 그 표시를 보아 두었습니다. 그리스에서처럼 처녀들이 입으로 하기 어려운 고백을 모래 위에 써서 한다는 것쯤은 저도 알고 있었습니다. 그녀가 뭘 그렸을 것 같습니까?"

"글쎄……."

페트로니우스는 고개를 갸웃거렸다.

"물고기였습니다."

"뭐였다고?"

"물고기요. 그녀의 혈관에는 언제나 차가운 피가 흐르고 있다는 뜻이었을까요? 전 아무래도 모르겠습니다. 하지만 외삼촌이라면 설명해 주실 수 있으리라 생각하는데요."

"나도 몰라. 그런 일이라면 박물학자인 플리니우스에게 물어 보아라. 그 사람은 물고기에 대해 훤하지."

장군의 집

이윽고 페트로니우스와 비니키우스가 탄 마차가 아울루스 플라우티우스의 저택 앞에 이르렀다.

건장한 젊은 문지기가 현관의 홀로 통하는 문을 열자, 조롱 속의 까치가 인사라도 하듯 요란하게 울어 댔다.

"문지기가 쇠사슬에 묶여 있지 않은 걸 보셨습니까?"

비니키우스가 안으로 들어가면서 페트로니우스에게 말했다.

페트로니우스가 나직한 목소리로 대답했다.

"그래, 이상한 집이로구나. 플라우티우스의 부인인 폼포니아 그래키나가 그리스도인지 뭔지 하는 사람을 숭배하는 동방의 미신에 빠져 있다는 얘기는 너도 들었겠지?"

이윽고 그들은 아트리움(객실)으로 들어섰다.

아트리움 담당 노예가 손님의 이름을 알리는 노예를 안으로 보내고, 그들에게 의자를 권하고 발받침대를 내놓았다.

페트로니우스는 객실이 뜻밖에 경쾌한 인상을 주는 데 놀라며 사방을 둘러보았다.

곳곳에 흰 백합과 붉은 나리꽃이 무더기로 심어져 있고, 한쪽 구석에는 수사슴의 조각이 물을 마시려는 듯 고개를 숙이고 있었다. 아트리움의 바닥은 모자이크가 되어 있었고, 벽은 붉은 대리석과 프레스코로 덮여 있었는데, 잘 배합된 색으로 나무, 물고기, 새 따위가 그려져 있어 사람의 눈길을 끌었다.

어디를 보나 참된 안락함이 느껴졌으며, 사치스러운 데라고는 전혀 없었고, 품위가 있고 자신만만해 보였다.

페트로니우스는 그 집과는 비교가 안 될 만큼 크고 고상한 저택에서 살고 있었다. 하지만 그 곳에서 자기 취향에 맞지 않는 것은 하나도 찾아볼 수가 없었다. 그가 그런 이야기를 비니키우스에게 하려는 순간, 집 안쪽에서 아울루스 플라우티우스가 나왔다.

약간 짧은 듯하고 독수리처럼 보이는 그의 얼굴은 아주 강한 인상을 풍기고 있었다. 순간적으로 그의 얼굴에 놀라움과 불안의 빛이 감돌았다. 방문객이 네로 황제의 친구이자 측근자이며 또 상담역이었기 때문이다.

페트로니우스는 세상 물정에 밝은 사람이라 바로 눈치를 챘다. 그래서 우선 인사를 나눈 다음, 능숙한 말솜씨로 아주 자연스럽게, 자기 조카가 받은 후대와 친절한 간호에 대해 감사의 인사를 드리기 위해 왔다고 방문 동기를 밝혔다.

"잘 오셨습니다. 감사의 말씀을 드리자면, 오히려 제 편에서 드려야지요. 아마 그 까닭은 잘 모르시겠지만 말입니다."

플라우티우스가 말했다.

페트로니우스는 도무지 짐작 가는 일이 없어서 고개를 갸웃거렸다.

그러자 플라우티우스가 말을 이었다.

"저는 베스파시아누스(네로 황제 때의 고관. 나중에 황제가 됨.)를 사랑하고 존경합니다. 그 베스파시아누스의 목숨을 당신이 구해 주신 겁니다. 언젠가 황제가 시를 읊고 계실 때, 불행하게도 그분이 졸음에 빠졌던 바로 그 날입니다."

페트로니우스는 비로소 생각이 났다.

"아니, 오히려 다행하게도 졸음에 빠졌었다고 말해야겠지요. 덕분에 그분은 그 시를 듣지 않아도 되었으니 말입니다. 하긴 그것 때문에 불행한 결과를 초래할 뻔했다는 것은 저도 부정하지 않겠습니다. 황제는 그분에게 사람을 보내어 동맥을 끊으라는 명령을 내릴 참이었으니까요."

잠시 후, 페트로니우스는 화제를 바꾸어 플라우티우스의 저택 전체에 흐르고 있는 세련된 취미를 칭찬했다.

아트리움의 커튼을 젖혀 놓았기 때문에, 저택 구석구석까지 환히 보였다. 정원은 어두운 색의 액자에 끼워진 밝은 그림처럼 보였다. 아이들의 즐거운 웃음소리가 아트리움까지 들려왔다.

"저 유쾌한 웃음소리를 좀더 가까이에서 들었으면 좋겠습니다."

페트로니우스가 말했다.

"그러시죠. 제 아들 아울루스와 리기아가 공놀이를 하고 있군요."

플라우티우스가 자리에서 일어서며 말했다.

페트로니우스와 비니키우스는 플라우티우스를 따라 집 안 정원으로 들어갔다.

비니키우스는 리기아 앞으로 다가가 머리를 숙였다. 그녀는 공을 손에 들고 검은 머리카락이 약간 헝클어진 채 꼼짝 않고 서 있었다. 그러나 숨을 조금 할딱거리면서 얼굴을 붉히고 있었다.

폼포니아 그래키나가 정원 식당에 앉아 있었으므로, 손님들은 그 앞으로 다가가서 인사를 했다.

페트로니우스가 이 집을 방문한 것은 처음이었지만, 그녀와는 한두 번 만난 적이 있었다.

폼포니아의 명상에 잠긴 듯한 조용한 얼굴과 품위 있는 태도와 말씨에 그는 존경 어린 놀라움을 금할 수가 없었다. 로마의 어느 남자보다도 자부심이 강한 페트로니우스였지만, 폼포니아 앞에서는 경외감을 느끼고, 어느 정도 자신감을 잃게 되는 것이었다.

"조카를 친절하게 간호해 주셔서 감사합니다. 그런데 부인께서는 요즘 사교계에 안 나오시는 것 같더군요. 투기장이나 원형 경기장에서도 통 뵐 수가 없어서 유감입니다."

페트로니우스의 말에 그녀는 한 손을 남편 손에 얹으며 조용히 대답했다.

"둘 다 나이가 들어서 그런지, 그냥 집에서 지내는 게 좋습니다."

그 때, 어린 아울루스가 비니키우스에게 함께 공놀이를 하자고 졸랐다. 그 집에 묵고 있는 동안에 서로 친해졌던 것이다.

리기아도 소년의 뒤를 따라 식당 안으로 들어왔다. 담쟁이덩굴 아래서 보는 그녀는 매우 아름다워 숲 속의 요정처럼 보였다.

그녀와 아직 말을 나눈 적이 없었기 때문에, 페트로니우스는 오디세우스가 그 아내 나우시카를 맞을 때 한 말을 인사 대신 인용했다.

당신이 여신이건 인간이건
나는 그 앞에 무릎을 꿇겠소.
당신이 만일 인간이라면,
그 어버이는 더할 수 없이 행복할 것이오.
그 형제 역시 더할 수 없이 행복하리라.

리기아는 얼굴이 빨개진 채 눈길을 떨어뜨리고 있었다.

이윽고 그 얼굴에 처녀다운 수줍음과 응수를 하고 싶은 마음의 갈등이 떠오르더니, 단숨에 마치 숙제를 암송하는 듯한 투로 역시 나우시카의 말을 인용하여 응수했다.

"나그네여, 당신은 비천한 사람도 아니고, 우매한 사람도 아닌 것 같군요."

그리고 그녀는 놀란 새처럼 달아나 버렸다.

이번에는 페트로니우스가 놀랄 차례였다. 야만족 출신이라고 들은 처녀의 입에서 호메로스의 시구를 듣게 되리라고는 꿈에도 생각지 못했기 때문이다.

그는 묻는 듯한 시선을 폼포니아에게 던졌는데, 그녀는 그저 남편의 얼굴에 떠오른 자랑스러운 기색을 보고 미소짓고 있었다.

페트로니우스는 담쟁이덩굴과 인동덩굴의 시렁을 통해 정원에서 세 사람이 즐겁게 놀고 있는 것을 보았다. 비니키우스가 공을 차자, 리기아가 그 앞에 서서 두 손으로 공을 받으려 하고 있었다.

사람을 보는 눈이 날카로운 페트로니우스는 리기아에게 남다른 매력이 있음을 알아보았다.

'비니키우스 녀석, 취향이 제법인걸…….'

페트로니우스는 생각했다.

어느덧 태양은 티베리스 강 너머로 기울었다. 그림자처럼 조용히 서 있는 사이프러스 나무 위로 붉은 노을이 졌다.

페트로니우스는 그 고요함이 놀라웠다. 특히 그 집 사람들의 조용함은 그로서는 충격이었다. 폼포니아와 플라우티우스 부부, 그리고 그 아들과 리기아의 얼굴에는, 그의 주위에 있는 다른 사람들에게서는 볼 수 없는 그 무엇인가가 있었다.

그는 그런 자기 생각을 폼포니아에게 이야기했다.

"당신이 속한 이 세계는 우리의 황제 네로가 지배하는 세계와는 전혀 다르군요."

그녀는 얼굴을 어둠에 물들기 시작하는 하늘로 향한 채 말했다.

"세상을 지배하는 건 네로가 아니라……. 하느님이에요."

침묵이 흘렀다. 플라우티우스, 비니키우스, 리기아, 어린 아울루스가 다가오는 소리가 들렸다.

그들이 다가오기 전에 페트로니우스가 폼포니아에게 물었다.

"당신은 신들을 믿습니까?"

"저는 유일하시며 정의로우시며 전능하신 신을 믿고 있습니다."

아울루스 플라우티우스의 아내가 대답했다.

"여자를 보는 네 안목은 칭찬할 만하더구나. 그녀가 내게 무엇을 생각나게 했는지 알겠니? 봄이야. 그렇다고 이탈리아의 봄은 아니야. 여기저기에 사과나무가 꽃을 피우고 있는 한편에서는 올리브 나무가 그대로 잿빛을 띠고 있는 이탈리아의 봄이 아니고, 언젠가 내가 본 헬베티아(지금의 스위스)의 봄……. 여리고 싱싱하고 눈부신 봄이야. 네 기분을 알 것 같구나. 하지만 각오는 단단히 해야 할 것 같다. 플라우티우스와 폼포니아가 너를 갈가리 찢어 놓을지도 모르니까."

가마 속에 다시 비니키우스와 단둘이 있게 되었을 때 페트로니우스가 말했다.

잠시 동안 비니키우스는 고개를 숙이고 있더니, 복받치는 정열을 참지 못해 더듬거리면서 말했다.

"무, 무슨 일이 있더라도 리기아를 갖고 말겠습니다. 오늘 밤에는 도저히 잠을 이루지 못할 것 같습니다."

"진정해라. 지나친 흥분은 몸에 해로워."

페트로니우스가 말했다.

"무슨 말씀을 하셔도 상관 없습니다. 저는 반드시 리기아를 손에 넣겠습니다. 만일 외삼촌께서 도와주지 않으신다면, 제가 직접 무슨 수를 찾아보겠습니다."

"진정하라니까. 그리고 나를 믿어. 참아야 해. 무슨 일이든 방법은 있는 거야. 하지만 오늘은 너무 많이 생각했기 때문에 나도 피곤하구나. 네 연애 문제는 내일 다시 충분히 생각해 보겠다."

두 사람은 다시 입을 다물었다.

잠시 후에 페트로니우스가 차분하게 말했다.

"좋은 생각이 떠올랐다. 2,3일 안으로 네 집에서 곡물의 신인 데메테르가 내리는 양식을 리기아와 함께 먹을 수 있을 것이다!"

과연 페트로니우스는 약속을 지켰다. 다음 날 저녁, 그는 가마를 타고 팔라티움 궁으로 가서 네로와 밀담을 나누었다.

그 결과, 그 다음날 한 무리의 친위대 병사를 거느린 백부장 하스타가 플라우티우스의 저택 앞에 나타났다.

불안과 공포가 휩쓸던 그 시대에는 이런 종류의 사자는 대개 죽음의 전달자였다. 그래서 백부장이 망치로 대문을 두드리고, 아트리움의 문지기가 병사들이 온 것을 보고하자마자 온 집안에는 공포의 기운이 퍼졌다.

플라우티우스가 아트리움으로 가니, 백부장이 그를 기다리고 있었다. 백부장은 브리튼 전쟁 때 플라우티우스 밑에 있던 노카이우스 하스타였다.

"안녕하십니까, 각하! 황제 폐하의 어명과 인사를 전하러 왔습니다."

"폐하의 인사에 감사드리며 어명에 복종할 것을 맹세하오! 그래, 당신의 전갈이란 무엇이오?"

플라우티우스가 물었다.

"아울루스 플라우티우스, 황제는 각하의 댁에 리기아 족 족장의 딸이 있다는 것을 알고 계십니다. 폐하께서는 여러 해 동안 그 처녀에게 베푼 각하의 호의에 감사하고 계십니다만, 무작정 각하에게 맡길 수는 없으며, 또 인질인 이상 당연히 폐하와 원로원의 보호 아래 두셔야겠다는 생각으로 그 처녀를 인도해 오라고 하셨습니다.”

무인으로서 의지가 강한 플라우티우스는 그런 어명을 받고도 항의를 하거나 화를 내지 않았다.

그러나 어쩔 수 없이 그의 이마에는 분노와 고통의 주름이 잡혔다.

플라우티우스는 잠시 하스타를 바라보더니, 이윽고 조용히 말했다.

“인질을 데려다 줄 테니, 아트리움에서 기다려 주시오.”

이렇게 말하고 나서 플라우티우스는 저택 안쪽에 있는 홀로 들어갔다. 폼포니아와 리기아, 그리고 어린 아울루스가 불안한 표정으로 그를 기다리고 있었다.

“리기아, 너는 이 집에서 내 딸처럼 자랐다. 나나 폼포니아나 너를 친딸처럼 사랑해 왔다. 그러나 너도 알다시피 넌 우리 친딸이 아니라, 네 동족이 로마에 맡긴 인질이다. 따라서 네 주인은 황제시다. 그런데 이제 황제께서 너를 데려가시겠다는 거다.”

플라우티우스가 말했다.

그러자 폼포니아가 리기아를 보호하려는 듯 두 팔로 안으며 소리쳤다.

“플라우티우스, 안 돼요! 황제에게 가느니, 이 애를 위해서는 차라리 죽는 편이 나을 거예요.”

리기아는 폼포니아의 품에 안겨서 “어머니! 어머니!” 하고 흐느낄 뿐 아무 말도 하지 못했다.

그 모습을 보는 플라우티우스의 얼굴에 다시 분노와 고통의 빛이 떠올랐다.

“만일 나 혼자였다면, 내가 살아 있는 한 이 애를 보내지 않을 거야.

하지만 너뿐만 아니라, 장차 좋은 시절을 만나게 될지도 모를 내 자식까지 망칠 권리는 내게 없는 거야……. 그래, 황제께 가서 어명을 거두어 주십사고 탄원해 보기로 하자. 들어주실까? 그건 나도 모르겠구나. 어쨌든 리기아, 잘 가거라. 나와 폼포니아는 네가 우리 집에 처음 왔던 그 날을 언제나 잊지 않고 있다는 것을 기억해 다오."

이렇게 말하고 나서 플라우티우스는 리기아의 머리에 한 손을 얹었다. 그는 침착하고 냉정하려고 안간힘을 썼다. 하지만 리기아가 눈물에 젖은 눈으로 쳐다보며 그의 손을 자기 입술로 가져갔을 때에는 자기도 모르게 그 목소리가 떨렸다.

"우리 눈의 빛, 우리의 사랑, 잘 가거라!"

그리고 그는 로마 인으로서, 또 장군으로서 자기 자신에게 안 어울리는 감정에 지지 않으려고 서둘러 아트리움으로 돌아갔다.

"너에게 시련의 시기가 닥친 거야. 그 옛날, 비르기우스는 아피우스의 마수로부터 딸을 구하기 위해 그 가슴을 찔렀고, 루크레티아는 스스로 목숨을 끊음으로써 치욕을 씻었단다. 하지만 리기아, 우리에겐 자살할 권리가 없어. 그 까닭은 너도 잘 알고 있을 거야. 그래, 우리가 받들고 있는 율법은 세상의 율법과는 다른, 더 크고 더 신성한 율법이란다. 다행히 인생은 한순간에 지나지 않으며, 영생은 무덤 저쪽에서만 존재하는 거야. 그 곳을 지배하는 이는 네로가 아니라 '은총'이야……. 그 곳에는 괴로움 대신 기쁨이 있고, 눈물 대신 즐거움이 있단다."

그리고 나서 폼포니아는 리기아의 머리를 가슴에 꼭 안았다. 리기아는 그 옷자락에 얼굴을 묻고 한동안 가만히 있었다.

마침내 얼굴을 들었을 때, 그녀의 표정은 차분하게 가라앉아 있었다.

플라우티우스의 집에 우르수스라고 하는 키가 크고 어깨가 넓은 리기아 인 노예가 있었다. 전에 리기아의 어머니와 리기아를 따라서 다른 노예들과 함께 로마 군 진영으로 온 자였다. 그 우르수스가 폼포니아의 발 밑에 엎드려 말했다.

"오, 마님! 제발 이놈을 공주님과 함께 보내 주십시오. 궁전에서 공주님을 섬기며, 공주님을 보살펴 드릴 수 있게 해 주십시오."

때마침 그 곳에 나타난 플라우티우스는 사정을 듣더니, 우르수스의 소망을 들어주겠다고 말했다. 황제의 명에 따라 인질로서 리기아를 보내는 것이므로, 리기아의 종들도 모두 함께 보내어 황제의 보호 아래 두는 것이 당연하다는 것이었다.

폼포니아는 네로의 해방 노예 아크테에게 리기아를 부탁한다는 간단한 편지를 썼다.

폼포니아는 신자들의 모임에서 아크테를 만난 적은 없었다. 그러나 다른 신자들로부터 그녀가 도움을 거절하는 법이 없으며, 타르수스의 바울의 서한을 평소에 열심히 읽고 있다는 말을 들었던 것이다. 그녀는 또 이 젊은 해방 노예가 언제나 슬픈 얼굴을 하고 있으며, 궁 안의 다른 여자들과는 인품이 전혀 다르다는 것, 요컨대 궁전의 '착한 영혼'이라고 할 수 있다는 사실을 알고 있었다.

백부장은 폼포니아의 편지를 자기가 직접 아크테에게 전해 주겠다고 약속했다.

황제를 만나기 어려울 것이라는 플라우티우스의 예상은 들어맞았다. 황제는 악사인 테르프노스와 함께 노래 연습을 하고 있었는데, 황제 자신이 부른 자 이외에는 아무도 만나지 않기로 되어 있다는 대답이었다.

플라우티우스는 가마를 비니키우스의 집으로 돌렸다.

마침 비니키우스는 선생과 함께 검술 연습을 하고 있었다.

리기아를 빼앗아 갈 음모를 진행시키고 자기는 한가롭게 검술 연습을 하고 있는 것을 보니, 플라우티우스는 괘씸한 생각이 들었다.

검술 선생이 휘장 뒤로 사라지기도 전에 플라우티우스는 분노를 터뜨리며 그를 꾸짖었다.

그러나 비니키우스는 리기아를 궁중으로 데려갔다는 말을 듣더니 얼굴이 창백해졌다.

그런 모습을 보고, 플라우티우스는 비니키우스가 이 음모에 가담하지 않았다는 것을 알았다.

비니키우스는 불꽃이 튀는 눈으로 앞뒤가 맞지 않는 질문을 하면서 더듬거렸다. 그는 질투와 분노 때문에 몸을 가누지 못했다. 일단 궁전의 문턱을 넘은 이상, 리기아는 영원히 자기에게 돌아오지 못할 것이라고 생각했다.

플라우티우스가 페트로니우스의 이름을 들먹이자, 비니키우스의 머릿속에 페트로니우스에 대한 의혹이 번개처럼 스치고 지나갔다.

'황제의 총애를 얻기 위해 나를 따돌리고 리기아를 바친 걸까? 아니면 외삼촌 자신이 차지하려는 속셈일까?'

비니키우스는 아트리움의 한구석에 진열해 놓은, 백랍으로 만든 조상들의 데드 마스크를 향해 주먹을 휘두르며 소리쳤다.

"저 데드 마스크에 대고 맹세합니다! 그녀를 그들의 손에 넘겨 주느니, 차라리 그녀를 죽이고 저도 따라 죽겠습니다."

그리고 플라우티우스에게 집으로 가서 기다리라고 한 다음, 미친 사람처럼 밖으로 뛰어나가 페트로니우스의 집으로 나는 듯이 달렸다.

플라우티우스는 얼마쯤 희망을 가지고 비니키우스의 집을 나왔다. 만약 페트로니우스가 비니키우스에게 주기 위해 황제를 충돌질하여 리기아를 빼내 갔다면, 비니키우스는 리기아를 자기 집으로 돌려보내 줄 것 같았다.

집으로 돌아온 플라우티우스는 폼포니아를 위로하며 비니키우스로부터 반가운 소식이 오기를 기다리고 있었다.

해질녘이 다 되어서야 문 두드리는 소리가 들렸다.

이윽고 노예가 들어와서 플라우티우스에게 한 통의 편지를 전했다.

플라우티우스는 평소 자제력이 강하기로 소문이 났지만, 이 때만은 편지를 든 손이 자기도 모르게 부들부들 떨렸다. 그는 급히 편지를 읽어 내려갔는데, 그 얼굴이 지나가는 구름의 그림자가 드리운 듯 갑자기 흐려졌다.

아울루스 플라우티우스 님에게

모든 일이 황제의 뜻에 따라 이루어진 것이라고 합니다. 그 뜻에 따르실 수밖에 없겠습니다. 저와 외삼촌 페트로니우스도 마찬가지입니다.

마르쿠스 비니키우스 올림

팔라티움 궁의 연회

비니키우스는 문지기가 말릴 사이도 없이 아트리움으로 뛰어들었다. 거기서 페트로니우스가 서재에 있다는 말을 듣고 같은 기세로 달려갔다.

페트로니우스는 서재에서 뭔가 쓰고 있었다. 비니키우스는 그의 손에서 갈대 펜을 빼앗아 부러뜨려 방바닥에 내던지고, 손가락 자국이 날 만큼 세게 그 두 팔을 잡고 얼굴을 바짝 들이댄 채 소리쳤다.

"리기아는 어디 있습니까?"

"궁전에 있지."

"외삼촌!"

"어쨌든 마음을 가라앉히고 앉아라. 나는 황제에게 두 가지 부탁을 해서 다 승낙을 얻었다. 하나는 리기아를 플라우티우스네 집에서 불러 내는 것, 또 하나는 그녀를 너에게 넘겨 주는 것이야. 그건 그렇고, 네 토가 속에 단도가 숨어 있구나! 그것으로 나를 찌를 셈이냐? 하지만 충고하는데, 2,3일 더 기다리는 게 좋을 것 같다. 네가 감옥에 갇히게 되면, 리기아가 네 집에서 혼자 쓸쓸할 테니까 말이야."

잠시 침묵이 흐른 후, 비니키우스가 말했다.

"용서하십시오, 외삼촌. 저는 그녀를 사랑합니다. 사랑 때문에 눈이 먼 겁니다."

"나는 네게 칭찬받을 일을 한 거란다. 황제는 체면상 며칠 동안 리기아를 궁전에 두었다가 곧 네 집으로 보내 줄 것이다. 넌 정말 행복한 녀석이야!"

"정말입니까? 궁전에서 그녀가 위험하지 않을까요?"

"오래 있으면, 왕비 포피아가 그녀 일로 로쿠스타(이름난 독살 전문가)와 음모를 꾸미겠지만, 2,3일 동안이라면 전혀 위험할 게 없다. 궁전에는 1만 명에 가까운 사람이 살고 있지. 네로가 그녀를 볼 기회는 아마 없을 거야. 특히 모든 일을 내게 맡기고 있으니 안심이다. 좀전에 백부장이 이리로 보고하러 왔었는데, 그녀를 궁전으로 데리고 가서 아크테에게 인도했다더구나. 아크테는 좋은 여자야. 그래서 내가 그녀를 아크테에게 맡기게 한 거란다. 폼포니아 그래키나도 그녀에게 편지를 보냈다니까, 분명히 같은 의견일 것이다. 내일 네로가 향연을 베풀기로 되어 있다. 리기아 옆에 네 자리를 마련해 두었다."

"외삼촌, 제가 버릇없이 군 것을 용서해 주십시오. 저는 외삼촌께서 그녀를 차지하시든지 아니면 황제에게 바치려고 데리고 가신 줄 알았습니다."

비니키우스가 말했다.

"비니키우스, 성급한 것은 용서하지만, 조금 전과 같이 야비한 거동이나 천한 고함 소리는 쉽게 용서할 수 없을 것 같구나. 나는 그런 행동을 좋아하지 않는다. 앞으로는 조심해 주기 바란다. 알았지? 내가 만일 그 처녀를 갖고 싶었다면, 네게 터놓고 말했을 것이다. '리기아는 내가 가져야겠다.'고 말이야."

이렇게 말하며 페트로니우스는 차가운 눈으로 비니키우스를 응시했다. 젊은이는 어쩔 줄 몰라했다.

"죄송합니다. 외삼촌은 친절하시고 고귀한 분입니다. 한 가지만 더 용서해 주십시오. 어째서 외삼촌께서는 리기아를 직접 제게 보내지 않으셨습니까?"

"황제의 체면을 세워 주기 위해서 그런 거야. 이 사건은 온 로마 시내에 소문이 퍼질 거야. 우리가 리기아를 인질로 붙잡아 온 거니까, 소문이 가라앉을 때까지 궁전에 있게 해야지. 그런 다음, 그녀를 살짝 너의 집으로 보내는 거야. 그러면 만사 해결이지."

"아까 플라우티우스가 저희 집에 찾아왔었습니다. 제가 리기아의 소식을 알려 주겠다고 약속했습니다."

"황제의 뜻은 곧 최고의 법률이며, 네 첫아들에게 '아울루스'란 이름을 붙여 주겠다고 해라. 그 노인이 다소 위안을 받을 거야. 내일 연회에 그가 초청되도록 '붉은 수염'에게 부탁할 생각이다. 리기아와 나란히 앉아 있는 네 모습을 보여 주어도 좋겠지."

"그러시면 안 됩니다. 아무리 그렇더라도 그 내외분에게는, 특히 폼포니아에게는 너무 가혹한 처사입니다."

비니키우스가 말했다.

그리하여 비니키우스는 의자에 앉아서, 플라우티우스로부터 마지막 희망을 빼앗게 될 그 편지를 썼던 것이다.

일찍이 네로가 총애하던 아크테 앞에서는 로마의 최고 권력자들도 머리를 숙였다. 그러나 그녀는 아름다운 마음씨와 고귀한 인품을 가지고 있어, 그런 위치에서도 적이라곤 한 사람도 만들지 않았다. 질투하는 사람들 사이에서조차 그녀는 남을 해칠 여자가 아니라는 인정을 받고 있었다.

아크테는 지금도 네로를 변함없이 사랑하고 있으며, 네로가 자기를 사랑하던, 젊고 지금보다는 좀더 나은 인간이었던 시절의 추억에 매달려 살고 있다는 것을 모두들 알고 있었다.

왕비인 포피아도 그녀를 그저 조용한 시녀쯤으로 보고 있어서 궁중에서 추방하라고 하지 않았다.

한때 아크테를 사랑했던 네로는 아직까지도 그녀를 어느 정도 애처롭게 생각하는 마음이 남아 있었다. 네로는 그녀를 노예의 신분에서 해방시켜 준 뒤에도 궁전 안에서 그대로 살게 했고, 특별 침실을 마련해 주었으며, 하인을 몇 명 붙여 주기까지 했다.

아크테는 지금도 이따금 황제의 연회에 초대되었다. 그녀가 그런 대우를 받는 것은, 그 아름다운 모습이 연회석상에서 하나의 장식이 되기 때문이었을 것이다.

어쨌든 황제는 오래 전부터 함께 식사할 상대를 고를 때에는 체면을 차리지 않았다. 그의 식탁에는 모든 계급, 모든 직업의 사람들이 다 모이게 되었다. 연회장에 모이는 사람들은 누구나 네로에게 가까이 가려고 애를 썼다. 네로의 변덕에 따라 그들은 망하기도 하고, 엄청난 출세를 하기도 했다.

그 날은 리기아도 그 연회에 참석하도록 되어 있었다. 그녀는 황제와 사람들과 궁중과 궁중의 소란스러움과 궁중의 향연이, 그리고 플라우티우스와 폼포니아와 그들의 친구들로부터 들어 알고 있는 그 연회의 추악함이 두려웠다.

그래서 그녀는 이 궁전에 있으면 자기가 파멸할지도 모른다는 것을 알고 있었다. 폼포니아만 해도 그녀와 작별할 때 그런 파멸을 경고했던 것이다.

리기아는 그 파멸로부터 몸을 지킬 것을 맹세했었다. 그녀는 양어머니와 자기 자신에게, 그리고 믿고 있을 뿐만 아니라, 그의 가르침과 그의 고통스러운 죽음과 그의 영광스러운 부활 때문에 온 마음을 다 바쳐서 사랑하게 된 '주님'에게 맹세했던 것이다.

마음 한구석에서 공포와 불안이 아우성치는가 하면, 다른 한구석에서는 고통과 죽음에 몸을 맡김으로써 자신의 용기를 증명해 보이고 싶은 욕망이 꿈틀거렸다. '주님'이 그렇게 명하지 않았던가? '주님'이 이미 그녀에게 스스로 모범을 보여 주지 않았던가?

그러나 아크테는 그녀의 망설임을 듣고 깜짝 놀라서 쳐다보았다. 뜻을 거역하고, 첫날부터 그의 노여움 앞에 자신을 드러내는 짓을 하려고 하다니!

"나도 타르수스의 바울의 서신을 읽었어요. 이 세상 밖에는 하느님이 계시며, 죽음에서 부활한 하느님의 아들이 계시다는 것도 알고 있어요. 하지만 이 세상에는 황제가 계실 뿐입니다. 리기아, 이 점을 잊지 말아요. 당신은 치욕과 죽음 중 어느 하나를 선택해야만 할 때는 죽음을 택하겠지요? 물론 최후의 순간이 다가와, 치욕이냐 죽음이냐 어느 한쪽을 택하지 않으면 안 될 때는 당신의 신앙에 따라 행동해도 좋아요. 하지만 이 땅 위에서는 네로 황제를 노하게 해선 안 돼요."

아크테가 리기아에게 말했다.

"아크테, 당신은 정말 친절한 분이에요."

"내 생애에서 기쁨은 이미 사라졌어요. 하지만 나는 나쁜 사람은 아니랍니다."

그런 다음, 아크테는 방 안을 왔다갔다하면서 절망에 빠진 사람처럼 혼자 중얼거렸다. 아크테의 속눈썹이 눈물로 젖었다.

"아크테, 당신은 황제를 위해 슬퍼하고 있군요?"

"그래요, 슬퍼하고 있어요."

그리스 여자는 낮은 목소리로 말했다.

침묵이 흘렀다. 그 동안 아크테는 추억으로 어지러워진 마음이 가라앉기를 기다리고 있는 것 같았다. 가까스로 그 얼굴에 여느 때와 같이 조용한 슬픔의 표정이 되돌아오자 그녀는 입을 열었다.

"리기아, 당신 이야기를 하기로 해요. 황제의 뜻을 거역하다니, 그런 생각은 꿈에도 하면 안 돼요. 그건 정신 나간 짓이에요. 어떻게든지 마음을 가라앉혀 봐요. 나는 궁정의 일은 샅샅이 알고 있어요. 황제를 두려워할 것은 없어요. 페트로니우스가 당신을 보살펴 달라는 편지를 내게 보내 왔고, 당신도 알다시피 폼포니아도 내게 당신을 부탁한다는 편지를 보내 왔으니, 그 두 분 사이에 무슨 상의가 있었던 것은 아닐까요? 페트로니우스가 폼포니아에게 부탁을 받고 편지를 보냈는지도 모르지요. 만일 페트로니우스가 폼포니아의 부탁으로 당신 일에 관계하고 있다면, 조금도 걱정할 게 없어요. 그분 말씀을 듣고 네로가 당신을 플라우티우스 댁으로 돌려보내 줄지도 몰라요."

"하지만 아크테! 내가 끌려오기 전에 페트로니우스가 우리 집에 오셨어요. 어머니는 그분이 네로 황제를 부추겨 저를 불러들이게 한 것이라고 굳게 믿고 계세요."

리기아가 말했다.

"그래요? 그렇다면 곤란하군요. 어쩌면 그분말고도 당신을 위해서 힘써 줄 사람이 있을지도 모르는데. 플라우티우스 댁에서 황제 측근으로 누구를 만난 일은 없나요?"

"베스파시아누스와 티투스를 본 적이 있어요."

"하지만 황제는 그 사람들을 싫어하는데."

"세네카도요."

"세네카가 어떤 충고를 하면, 황제는 반드시 그 반대로 하신답니다."

"비니키우스도 만났어요."

그 말을 하면서 리기아의 얼굴이 빨개졌다.

"그분은 모르겠는데요."

"페트로니우스의 친척인데, 얼마 전에 아르메니아에서 돌아왔어요."

"그분이 당신을 위해 힘을 써 줄까요?"

"그럴 거예요."

"그럼 당신은 오늘의 연회에서 틀림없이 그분을 만날 거예요. 연회에는 참석해야 해요. 그건 당신의 의무니까요. 플라우티우스 댁으로 돌아가고 싶다면, 연회에서 페트로니우스와 비니키우스에게 부탁할 기회를 잡아야 해요. 물론 황제는 당신이 참석하지 않아도 눈치채지 못할지 모르지만, 당신이 자기의 뜻을 거스르고 있다는 것을 깨닫게 되면 구제될 길이 없으니 주의해요. 그러니 리기아, 연회에 반드시 참석해야 해요. 해가 지고 있군요. 이제 손님들이 몰려들 거예요."

아크테가 다정하게 웃으며 말했다.

"아크테, 맞는 말씀이에요. 하라는 대로 연회에 나가겠어요."

리기아가 대답했다.

향유를 바르고 치장시키기 위해 아크테는 리기아를 자기의 향유실로 데리고 갔다. 궁중에 하녀가 없는 것도 아니며, 그 중에는 아크테 자신의 몸치장을 해 주는 하녀도 많았다. 그러나 그녀는 이 처녀의 순진함과 아름다움에 감동되어 있었으므로, 동정심이 우러나서 자기가 직접 몸치장을 해 주고 싶었던 것이다.

리기아의 옷을 벗기고, 날씬하면서도 살집이 좋은 것이 마치 진주와 장미로 만들어진 듯한 몸매를 보았을 때, 아크테는 탄성을 금치 못하고 몇 걸음 물러서서 넋을 잃고 바라보았다.

"리기아, 당신은 포피아보다 훨씬 아름답군요!"

아크테가 그녀에게 다가가서 그 검은 머리를 매만지며 말했다.

이윽고 리기아는 아크테를 따라 연회장으로 갔다.

"안녕하십니까? 이 땅 위의 모든 아가씨와 하늘의 모든 별 가운데서 가장 아름다운 아가씨!"

리기아의 왼쪽에서 낮고도 귀에 익은 목소리가 들려왔다.

목소리가 들려오는 쪽으로 고개를 돌리니, 비니키우스가 서 있었다. 활처럼 치켜 올라간 깨끗한 눈썹, 빛나는 두 눈, 햇볕에 탄 건강미 넘치는 피부……. 그는 바로 청춘과 힘의 상징이었다.

그가 너무나 아름다웠기 때문에, 리기아는 가까스로 그의 인사에 답례를 했다.

"안녕하세요, 비니키우스……."

"당신을 보고 있는 내 눈은 무척 즐겁습니다. 당신의 목소리를 듣는 나의 귀는 무척 행복합니다."

그러면서 그는 그녀의 모습을 태워 버릴 듯이 뜨겁게 바라보았다.

"궁전에 오면 당신을 만날 수 있으리라는 것을 알고 있었습니다."

비니키우스가 말을 이었다.

리기아는 이 궁중에서 자기에게 가까운 사람은 비니키우스 한 사람뿐이라는 것을 느끼고, 그에게 말하기 시작했다. 그리고 자기로선 납득이 되지 않는 궁금한 것을 이것저것 물었다. 궁전에 오면 자기를 만난다는 것을 어디서 들었는가? 자기는 어째서 궁전으로 불려온 것인가? 황제는 왜 폼포니아와 자기를 떼어 놓았던 것일까?

"여기는 무서워요. 빨리 폼포니아에게 돌아가고 싶어요. 페트로니우스와 당신이 황제에게 주선해 줄 희망도 없다면, 저는 놀라움과 슬픔 때문에 죽고 말 거예요."

비니키우스는 그 말에 대해 설명했다. 리기아가 궁전으로 불려온 일은 플라우티우스에게 듣고 비로소 알았다, 황제는 그 명령에 대해 누구에게도 설명을 하지 않기 때문에, 자기도 왜 불러들였는지는 모른다, 하지만 두려워할 것은 없다, 자기가 언제까지라도 떠나지 않을 테니까 하고. 그는 적당히 얼버무리면서 때때로 거짓말을 하기도 했지만, 그 목소리에는 진지함이 깃들여 있었다.

"고마워요, 비니키우스. 당신의 친절을 어머니께서도 틀림없이 고맙게 생각하실 거예요. 저 역시 평생토록 당신의 은혜를 잊지 않을 거예요."

리기아가 말했다.

비니키우스는 감동을 이기지 못하고, 어떤 일이 있더라도 그녀의 소원을 거절할 수는 없다고 생각했다. 기쁨 때문에 그의 심장은 녹아 버릴 것 같았다.

연회장이 소란해져 가자, 비니키우스는 리기아에게 더욱 가까이 다가앉으며 마음속에서 우러나오는 친절하고 감미로운 말들을 속삭였다.

온통 낯선 사람들 속에서 그런 말을 들으니, 리기아는 그가 전보다 더 친근하고 다정하게 느껴졌다.

마찬가지로 그녀가 가까이 있는 것이 비니키우스에게 영향을 미치기 시작했다. 얼굴이 창백해지고, 콧구멍은 벌름거렸다. 심장도 이상하리만큼 격렬하게 고동치고 있는 것 같았다. 왜냐하면 호흡이 가빠지면서 말을 더듬기 시작했기 때문이다. 그가 이렇게 그녀 곁에 가까이 앉아 보기는 처음이었다. 머리가 어지럽고, 혈관에 불이 흐르는 듯한 느낌이 들었다.

그 불을 술로 끄려고 했으나 헛일이었다. 술이 아니라 리기아의 아름다운 얼굴, 드러난 팔, 처녀다운 가슴이 그를 취하게 만들었던 것이다.

비니키우스는 갑자기 그녀의 손목을 잡더니, 앞으로 잡아당기면서 떨리는 목소리로 속삭였다.

"당신을 사랑합니다. 나의 여신이여!"

"안 돼요! 놓으세요, 비니키우스!"

리기아가 말했다.

바로 그 때, 리기아 옆에 있던 아크테가 나직한 목소리로 말했다.

"황제께서 당신들을 보고 계십니다."

비니키우스는 갑자기 네로와 아크테에 대하여 분노를 느꼈다. 그녀의 말이 리기아와의 달콤한 분위기를 무참하게 깨뜨렸기 때문이다. 그래서 그는 리기아의 어깨 너머로 아크테를 바라보며 거칠게 말했다.

"아크테, 연회장에서 당신이 황제 옆에 앉았던 것도 옛날 일입니다. 당신은 시력도 좋지 않다면서, 어떻게 황제의 얼굴을 그렇게 똑똑히 볼 수 있습니까?"

아크테는 서글픈 목소리로 대답했다.

"전 볼 수 있어요. 황제도 근시지만, 에메랄드 구슬로 두 분을 보고 계십니다."

아크테의 말은 사실이었다. 황제는 식탁에 기대앉아서 한쪽 눈을 지그시 감고, 다른 한쪽 눈에 평소에 애용하는 에메랄드 구슬을 갖다 대고 이쪽을 바라보고 있었다.

순간적으로 그의 시선과 리기아의 시선이 마주쳤다. 리기아의 가슴은 공포에 짓눌렸다. 그녀는 겁에 질린 아이처럼 자기도 모르는 사이에 비니키우스의 손을 꼭 쥐었다.

이윽고 네로는 에메랄드 구슬을 내려놓고 리기아에게서 시선을 거두었다. 그리고 페트로니우스에게 물었다.

"저게 비니키우스가 반했다는 인질인가?"

"그렇습니다, 폐하!"

"비니키우스는 저걸 미인이라고 생각한단 말이지?"

"썩은 올리브 나무 줄기에라도 여자 옷만 입히면 미인이라고 할 것입니다."

페트로니우스가 말했다.

"흠!"

네로는 페트로니우스를 바라보며 씁쓸하게 웃었다.

연회는 더욱 흥겨워졌다. 노예들이 떼를 지어 쉴새없이 해로운 음식 접시를 날라 왔다. 모두들 술에 취했다.

황제도 취했다. 남녀 할 것 없이 모두들 취해서 쓰러졌다.

비니키우스도 다른 사람들처럼 취했다. 그는 한껏 목소리를 높여 리기아에게 말했다.

"리기아, 황제께서 당신을 플라우티우스의 집에서 데려온 것은 내게 주기 위해서였소. 내일 해가 진 뒤 당신에게 사람을 보내겠소. 황제께서 당신을 내게 주신다고 약속했으니 말이오. 당신은 내 사람이 되는 겁니다."

그러고 나서 그는 리기아를 껴안았다. 술냄새를 풍기며 그의 얼굴이 다가왔다. 그는 이제 친절한 비니키우스, 그녀가 거의 사랑하는 마음을 품었던 비니키우스가 아니었다.

리기아는 그에게서 달아나려고 얼굴을 돌렸지만 소용없었다.

그 때, 갑자기 어떤 무시무시한 힘이 비니키우스의 품으로부터 리기아를 떼어 냈다.

비니키우스가 깜짝 놀라 눈을 비비고 보니, 눈앞에 플라우티우스의 집에서 보았던 리기아 족의 거인 우르수스가 서 있었다.

리기아 인은 묵묵히 서서 푸른 눈으로 비니키우스를 내려다보고 있었다. 그 눈초리에 비니키우스는 혈관의 피가 모두 얼어붙는 듯한 느낌이 들었다.

이윽고 우르수스는 자기 주인을 팔에 안더니, 침착하고 조용한 걸음으로 대식당에서 빠져 나갔다. 아크테가 그 뒤를 따랐다.

비니키우스는 잠시 화석처럼 앉아 있다가, 힘들게 몸을 일으켜 입구 쪽으로 비틀거리며 걸어갔다. 그러나 곧 그 자리에 푹 쓰러졌다.

리기아의 선택

아무도 우르수스를 말리는 사람이 없었고, 무엇을 하고 있느냐고 묻는 사람도 없었다.

대식당을 나온 세 사람은 아크테의 방으로 가는 회랑으로 나갔다.

리기아는 완전히 탈진하여 우르수스의 팔에 안겨 있었다. 그러나 신선한 아침 공기를 마시자 정신이 들었다. 그녀는 갑자기 울음이 북받쳐 올랐다.

"집으로 가, 우르수스! 집으로!"

이렇게 되자 아크테는 자기들 모두를 위해서 머리를 쓰지 않을 수 없었다. 그들이 밖으로 나가더라도 아무도 말리지는 않을 것이다. 그러나 궁전에서 도망가는 것은 황제의 존엄성을 모욕하는 것으로 처벌을 면치 못하게 된다. 그들이 도망을 가면 바로 그날 저녁으로 군사를 거느린 백부장이 플라우티우스와 폼포니아에게 사형을 선고할 것이고, 리기아는 궁중으로 다시 끌려오게 될 것이다. 그렇게 되면, 그녀는 구제받을 길이 없어지는 것이다. 플라우티우스 부부가 그녀를 한 발짝이라도 집에 들여놓으면 그 두 사람은 죽음을 면치 못하리라.

리기아는 절망에 빠졌다. 방법이 없었다. 플라우티우스의 파멸이냐 자기의 파멸이냐, 그 어느 쪽이든 택하지 않으면 안 되었다. 연회장에 나갈 때에는 비니키우스와 페트로니우스가 황제로부터 자기를 빼내어 폼포니아에게 돌려보내 줄 것이란 희망이라도 있었으나, 지금 그녀는 황제를 꾀어 자기를 플라우티우스 저택에서 끌어 낸 것이 바로 그 두 사람이었음을 알고 있었다.

아크테는 리기아에게 정원 한쪽에 있는 벤치에 앉기를 권했다. 신선한 새벽 공기를 쐬며 마음을 가라앉히라는 뜻이었다.

"아크테, 당신도 들으셨지요? 비니키우스가 황제께서 저를 자기에게 주었으니까, 오늘 저녁에 노예를 시켜서 데려가겠다고 한 말 말이에요."

리기아가 절망적으로 말했다.

"나도 들었어요. 하지만 궁전도 비니키우스의 저택보다 안전하다고 할 수는 없어요."

아크테가 말했다.

"여기 있는 것도, 비니키우스의 집으로 가는 것도 다 싫어요!"

리기아가 큰 소리로 말했다.

아크테는 깜짝 놀랐다. 그러나 리기아가 진정되기를 기다려 물었다.

"그토록 그분을 미워하나요?"

"아니에요. 그이를 미워할 수는 없어요. 저는 그리스도 교도니까요."

리기아가 대답했다.

이윽고 리기아가 일어섰다. 그녀의 얼굴은 희망의 빛으로 반짝이고 있었다. 우르수스도 일어섰다가, 벤치 옆에 쭈그리고 앉아 자기 여주인을 바라보며 그녀가 말하기를 기다렸다.

"이제 제게 남은 사람은 오직 당신뿐이에요, 우르수스. 앞으로는 당신이 내 보호자가 되어 줘야 해요. 나를 어디로든 다른 곳으로, 비니키우스도 다른 사람들도 찾을 수 없는 이 도시 밖으로, 황제의 권력이 미치지 않는 곳으로 데리고 달아나 줘요."

그 말에 복종할 준비가 되어 있다는 표시로 우르수스는 리기아의 발에 입을 맞추었다.

"내가 어디로 가든 플라우티우스와 폼포니아에게는 절대로 알리지 않는 거예요. 그러면 두 분에게는 피해가 가지 않을 거예요."

그 누구도 우르수스를 막을 수는 없을 것이다. 그러나 경우에 따라서는 비니키우스가 많은 노예를 보낼지도 모르므로, 리기아는 우르수스를 리누스 대주교에게 보내어 도움을 청해야겠다고 생각했다.

"대주교께서는 나를 가엾게 여겨서 비니키우스에게 보내지 않고, 그리스도 교도들에게 우르수스와 함께 나를 구출하라고 명하실 거예요."

리기아는 우르수스에게 곧 떠나라고 말하고 아크테를 바라보았다.

"아크테, 설마 당신이 나를 배신하지는 않겠죠?"

"돌아가신 우리 어머니의 영혼에 걸고 맹세하건대, 결코 당신을 배신하지 않을 거예요. 우르수스가 어떻게 해서든 당신을 데리고 도망칠 수 있도록 당신의 신에게 기도할게요."

아크테는 리기아의 목을 껴안고 눈물을 흘렸다.

바로 그 때, 황후 포피아가 노예를 줄줄이 거느린 채 벤치 앞에 나타났다. 포피아 앞에는 살갗이 흑단처럼 검고 앞가슴이 불룩한 에티오피아 여자가 가장자리에 금술을 단 자줏빛 보에 싸인 갓난아기를 두 팔로 안고 있었다.

아크테와 리기아는 자리에서 일어났다.

포피아는 그들을 거들떠보지도 않고 지나치려다가, 문득 걸음을 멈추고 아크테에게 말을 건넸다.

"이 노예가 누구지?"

"노예가 아니에요, 황후 마마. 폼포니아 그래키나의 양녀인데, 리기아족의 왕녀랍니다. 그 족장이 인질로 로마에 맡긴 거예요."

"너를 만나러 온 건가?"

"아닙니다, 황후 마마. 폐하께서 부르셔서 궁전에 들어왔습니다."

"어젯밤의 연회에도 참석했었나?"

"네, 황후 마마."

갑자기 황후가 눈살을 찌푸렸다. 황후는 자신의 미모와 권력에 관한 한 몹시 민감하여, 언젠가는 유력한 경쟁자가 나타나 자기를 파멸시키지 않을까 끊임없이 불안해하며 지냈다.

포피아는 리기아의 얼굴을 구석구석 뜯어보다가 물었다.

"폐하와 이야기를 나누어 보았느냐?"

"아닙니다, 황후 마마."

"넌 어째서 여기 있고 싶다고 생각했지?"

"제가 원한 것이 아닙니다. 페트로니우스 님이 저를 폼포니아 님에게서 데려오도록 폐하께 권고를 드렸다고 합니다. 저는 여기 있고 싶지 않습니다."

"그렇다면 폼포니아에게로 돌아가고 싶단 말인가?"

이 마지막 질문을 하는 포피아의 목소리는 부드럽고 상냥했다.

리기아의 마음 속에 희망이 솟았다.

"폐하께서는 저를 노예처럼 비니키우스 님에게 내린다고 약속하셨습니다. 황후 마마, 제발 저를 폼포니아 님에게 돌려보내 주세요."

"그러니까 페트로니우스가 너를 플라우티우스에게서 빼앗아다가 비니키우스에게 주도록 폐하께 부탁드렸단 말이지?"

"네, 황후 마마. 제발 저를 가엾게 여겨 주십시오."

"그렇다면 내가 약속하지. 너는 오늘부터 비니키우스의 노예가 되는 거야."

이렇게 말하고 포피아는 그 자리를 떠났다.

그 때 갑자기 리기아와 아크테의 귀에 갓난아기의 울음소리가 들려왔다.

아크테의 손을 잡은 리기아의 눈은 눈물로 얼룩져 있었다.

"돌아갑시다."

아크테가 말했다.

그들은 아트리움으로 돌아와서 밤이 될 때까지 꼼짝도 하지 않고 있었다.

별안간 옆방의 커튼이 소리도 없이 움직이는가 싶더니, 거무튀튀한 얼굴에 키가 큰 사내가 아트리움 안으로 들어왔다. 리기아는 그가 아타키누스라는 것을 알아보았다. 아타키누스는 비니키우스의 해방 노예로 전에 한번 플라우티우스 저택에 온 적이 있었던 것이다.

아타키누스는 아크테와 리기아에게 공손하게 인사를 한 후 말했다.

"리기아 님에게 비니키우스 님이 보내시는 인사를 전해 드립니다. 비니키우스 님께서는 모든 준비를 갖추고 리기아 님을 기다리고 계십니다."

리기아의 입술이 새파래졌다. 그러나 그녀는 곧 작별의 표시로 아크테의 목을 껴안았다.

등불잡이라고 불리는 노예들이 앞장을 서고, 몸종이라 불리는 노예들이 가마 양쪽에서 따라오고, 아타키누스가 뒤에서 감독을 하고 있었다.

리기아를 태운 가마는 천천히 나아갔다. 로마에는 가로등이 없었으므로, 각등의 불빛만으로는 길이 환히 보이지 않았던 것이다. 더구나 궁전 근처에는 인기척이 드물어서 각등을 가진 사람들이 어쩌다가 하나씩 지나갈 뿐이었다. 그런데 조금 나아가니까, 희한하게도 거리가 북적거렸다. 모든 골목마다에서 서너 명씩 걸어나왔는데, 하나같이 검은 망토를 걸치고 있었다.

어떤 자들은 행렬을 따라 걸으면서 이쪽 노예들 틈에 섞이기도 하고, 어떤 자들은 좀더 큰 무리를 이루어 앞쪽에서 다가오고 있었다.

이따금 앞으로 걸어 나가기가 어려워 등불잡이 노예들이 악을 썼다.

"길을 비켜라! 군단 사령관 비니키우스 님의 행차시다!"

리기아는 휘장을 좌우로 걷고 밖을 내다보았다. 시커먼 사람들의 무리를 보자, 흥분으로 몸이 떨렸다. 기대감과 공포감이 교대로 그녀를 엄습했다.

"우르수스와 그리스도 교도들이야! 오, 주여! 도와주소서!"

리기아는 입술을 떨며 중얼거렸다.

처음 한동안은 거리가 평소와는 달리 북적거리는 것에 별로 신경을 쓰지 않았던 아타키누스도 이제는 조금씩 불안해지기 시작했다. 어쩐지 수상쩍었던 것이다.

"길을 비켜라! 군단 사령관님의 행차시다!"

등불잡이 노예들이 좀더 자주 소리쳤다.

그러는 동안 정체를 알 수 없는 사람들이 양쪽에서 가마로 다가왔기 때문에, 아타키누스는 노예들에게 몽둥이로 쫓아 버리라고 명령했다.

별안간 행렬의 앞쪽에서 외침 소리가 나는가 싶더니, 그 순간 등불이 한꺼번에 꺼져 버렸다.

'습격이다!'

이번에는 가마의 바로 뒤쪽이 소란스러워졌다. 사람들은 서로 얽혀서 치고받고 짓밟았다.

아타키누스는 재빨리 가마에서 리기아를 끌어낸 뒤, 그 팔을 잡고 어둠 속으로 도망가려고 했다.

그러자 리기아가 소리쳤다.

"우르수스! 우르수스!"

리기아는 흰 옷을 입고 있었으므로 쉽게 눈에 띄었다. 아타키누스는 자유로운 한쪽 손으로 리기아에게 자기 망토를 억지로 입혀 주려고 했다.

그 때 갑자기 어떤 손이 아타키누스의 목덜미를 움켜쥐더니, 바위처럼 단단한 무엇인가로 그 머리를 내리쳤다. 그는 등에 일격을 받은 소처럼 고꾸라지고 말았다.

우르수스는 리기아를 업고 달렸다. 그의 동지들이 그 뒤를 따라가다가 중도에서 흩어졌다.

노예들은 비니키우스의 저택 앞에 모여 있었다. 안으로 들어갈 용기가 나지 않았던 것이다.

잠시 상의한 뒤에 좀전에 충돌이 있었던 현장으로 돌아가 보니 시체 몇 구가 뒹굴고 있었는데, 그 가운데는 아타키누스도 끼여 있었다.

그날 밤, 비니키우스는 한숨도 자지 못했다.

'도대체 누구 짓일까?'

생각할수록 울분이 솟아오르고, 눈앞이 캄캄했다. 리기아에 대한 그리움과 리기아를 빼앗아 간 놈들에 대한 분노로 미칠 것만 같았다.

마침내 비니키우스는 리기아를 납치해 갔을 사람은 플라우티우스밖에 없다고 생각했다. 만약 납치해 가지 않았다 해도, 플라우티우스는 적어도 그녀가 어디에 숨어 있는지 알고 있을 것 같았다.

'황제에게 말해서 리기아를 내놓지 않으면 칙령 거역죄로 다스리도록 해야지.'

그러나 그 순간 갑자기 떠오른 무서운 추측에 비니키우스는 심장이 멎는 것 같았다.

'리기아를 빼앗아 간 것은 황제 자신이 아닐까?'

황제가 심심풀이로 한밤중에 아름답고 젊은 여자를 납치하여 어딘가로 보냈다가, 가까운 신하에게 내리곤 해 왔다는 것은 누구나 아는 사실이었다.

'혹시 리기아도 그런 봉변을 당한 것은 아닐까?'

비니키우스는 눈앞이 캄캄해지면서 이마에서 진땀이 났다.

'만일 그렇다면 리기아는 영원히 잃어버린 것이다.'

비니키우스는 플라우티우스를 찾아가려다 말고 팔라티네 궁으로 가라고 가마꾼들에게 명했다. 아크테를 만나면 진상을 알 수 있을 것 같았기 때문이다.

팔라티네 궁 앞에 있는 친위병들의 모습이 눈에 들어온 순간, 비니키우스의 머릿속에 떠오른 생각이 있었다.

'저자들이 내가 들어가는 것을 조금이라도 방해한다면, 리기아가 황제의 뜻에 따라 궁전에 있는 것이 틀림없다.'

그러나 고참 백부장은 부드러운 얼굴로 비니키우스에게 다가서며 반갑게 말을 건넸다.

"안녕하십니까, 사령관님? 폐하를 알현하실 생각이라면, 기회가 좋지 않은 것 같습니다."

"무슨 일이 있었소?"

비니키우스가 물었다.

"황녀께서 갑자기 병이 나셨습니다. 그래서 폐하와 황후 마마께서는 온 시내에서 불러들인 의사들과 함께 황녀 곁에 계십니다."

이것은 예사 사건이 아니었다. 황녀가 태어났을 때, 네로는 거의 미친 사람처럼 기뻐했다. 포피아에게 있어서도 그 딸은, 그녀의 지위를 튼튼하게 해 주고 그 영향력을 움직일 수 없이 확고한 것으로 만들어 준다는 의미에서 매우 소중한 존재였다.

아크테도 황녀를 간호하고 있었으므로, 비니키우스는 한낮이 다 되어서야 그녀를 만날 수 있었다.

그녀는 피로에 지친 창백한 얼굴로 돌아왔는데, 비니키우스를 보더니 얼굴이 더 창백해졌다.

"리기아는 어디 있습니까?"

비니키우스는 그녀를 아트리움 한가운데로 이끌면서 물었다.

"그건 제가 당신에게 묻고 싶은 말이에요."

아크테는 나무라는 눈빛으로 비니키우스를 바라보았다.

"없어졌습니다. 도중에 빼앗겼어요. 아크테, 사실대로 말해 주시오. 혹시 폐하께서 리기아를 빼앗은 것은 아닌가요?"

"폐하께서는 어제 궁전에서 나가신 적이 없습니다."

"리기아가 이 궁 안에 없다는 말이오?"

"우리 어머니의 그림자에 맹세하지만, 그녀는 여기 없어요. 그리고 그녀를 빼앗아 간 것은 황제가 아닙니다."

비니키우스는 안도의 한숨을 내쉬었다.

"그렇다면 플라우티우스 부부가 납치해 간 것이 분명하군."

비니키우스는 벤치로 가서 앉으며 주먹을 불끈 쥐었다.

"플라우티우스께서는 오늘 아침에 여기 오셨었어요. 에파프로디테와 또 다른 폐하의 측근들에게 리기아에 대해 묻고, 나중에 다시 저를 만나러 오겠다고 말하고 돌아가셨답니다."

"자기에게 혐의가 돌아가지 않게 하려는 수작일 겁니다. 만일 리기아의 신변에 무슨 일이 일어났는지 모른다면, 우리 집으로 찾으러 와야지요."

그러나 플라우티우스는 네로의 명령이 아니라 비니키우스와 페트로니우스의 희망에 따라 리기아가 끌려왔다는 것을 알고, 아침 일찍 비니키우스의 집으로 달려갔다가 그 사건을 듣게 되었던 것이다.

플라우티우스가 아크테에게 남긴 쪽지를 보고 그 사실을 알게 된 비니키우스는 입을 다물었다.

아크테는 비니키우스의 어두운 얼굴에서 그의 생각을 읽으려는 듯 바라보고 있다가 말했다.

"비니키우스, 리기아는 자신이 바라던 대로 된 거예요."

"그녀가 도망치려고 한 것을 당신은 알고 있었습니까?"

"당신의 첩이 되고 싶어하지 않는다는 것만은 알고 있었지요."

그 소리를 듣자, 비니키우스는 갑자기 화가 치밀어올랐다.

설사 땅 속으로 숨었다 해도 기어이 찾아내어 마음껏 괴롭혀 주고 싶었다. 그렇게 하지 않고서는 화가 풀릴 것 같지 않았다.

"만일 폐하의 명으로 리기아를 찾아 내게 되면, 그녀는 영원히 당신 것이 되지 못한다는 사실을 명심하세요."

아크테가 말했다.

비니키우스는 미간을 찌푸렸다.

"그게 무슨 뜻입니까?"

"어제 저와 리기아는 이 정원 벤치에 앉아 있다가, 포피아와 황녀를 안고 있는 흑인 릴리트를 만났어요. 황녀는 어젯밤부터 병이 났는데, 릴리트는 리기아가 마법을 건 것이라고 우기고 있답니다. 다행히 황녀의 병이 낫는다면 괜찮지만, 그렇지 않을 경우에는 포피아가 가만히 있지 않을 거예요. 아마 리기아는 발견되는 대로 곧 처형될 거예요. 그러니 황녀가 완치될 때까지 리기아 이야기는 한 마디도 꺼내지 마세요."

침묵이 흘렀다. 이윽고 비니키우스가 말했다.

"어쩌면 황녀는 그녀의 마법에 걸린 것인지도 모릅니다. 나도 그렇고요."

아크테는 진심을 말하고 있는지 알아보려는 듯 잠시 비니키우스를 바라보더니 말했다.

"정말 답답한 분이로군요! 그녀는 당신을 사랑하고 있어요."

그 말에 비니키우스는 무엇에 홀린 사람처럼 벌떡 일어났다. 믿을 수가 없었다.

평소에는 착하고 온화하던 아크테가 버럭 화를 냈다.

"리기아를 차지하기 위해 진정으로 노력해 보았나요? 플라우티우스와 폼포니아에게 머리를 숙이고 리기아를 달라고 간청하는 대신 계략을 써서 빼앗으려고 하였지요. 그리고 명문의 양녀이며 왕녀인 리기아를 정식 아내로 맞으려 하지 않고 첩으로 삼으려고 했어요. 리기아는 당신이 자기를 도와줄 것으로 생각했어요. 당신이 황제에게 청원하여 자신을 폼포니아에게 돌려보내 줄 것으로 기대하고 있었어요. 그런데 당신은 리기아로 하여금 슬픔과 공포를 느끼도록 만들었어요. 당신이 폐하의 군대를 동원하여 리기아를 찾는 것은 자유예요. 하지만 황녀가 죽는다면, 그 죄는 모두 리기아에게 돌아갈 거예요. 그 때는 파멸을 피할 수 없다는 것을 각오해야 합니다."

비니키우스는 분노와 고통 속에서도 감동을 받았다. 리기아가 자신을 사랑하고 있었다는 말은 그의 영혼을 송두리째 흔들어 놓았다.

비니키우스가 그 곳에서 나오려고 했을 때, 별안간 입구와 아트리움 사이에 있는 커튼이 열리면서 폼포니아가 근심이 가득한 모습으로 나타났다.

그녀도 리기아가 사라졌다는 사실을 이미 알고 있었다. 그리고 플라우티우스보다는 자기가 아크테를 만나 보는 것이 나으리라 생각하고 왔던 것이다.

비니키우스를 보더니, 그녀는 조그맣고 창백한 얼굴을 그에게 돌리며 말했다.

"당신이 우리와 리기아에게 저지른 잘못을 신께서 용서해 주시기를 바랍니다."

비니키우스는 어떤 신이 자기를 용서해 줄 수 있는지, 또 폼포니아는 복수라는 말 대신 왜 용서라는 말을 하는지, 생각의 갈피를 잡을 수 없어서 잠자코 밖으로 나왔다.

궁전 홀에서 비니키우스는 황녀의 병문안을 온 페트로니우스와 마주쳤다.

"황녀의 병세는 어떠냐?"

페트로니우스가 물었다.

"황녀고 궁전이고 모조리 지옥으로 떨어졌으면 좋겠습니다!"

비니키우스는 이를 갈며 대답했다.

"닥쳐! 누가 들으면 어쩌려고?"

페트로니우스는 슬쩍 주위를 둘러보더니, 재빨리 덧붙였다.

"리기아 소식을 알고 싶으면 나를 따라와. 여기선 아무 말도 할 수 없으니, 가마를 탄 뒤에 이야기하자."

페트로니우스는 조카의 허리에 팔을 돌리고 서둘러 궁전을 빠져 나왔다.

궁전에서 비니키우스를 끌어 내려고 그랬을 뿐, 사실 페트로니우스는 정보 같은 것은 하나도 파악해 둔 바가 없었다. 그러나 그는 계략에 능한 인물인데다가, 비니키우스에게 적잖이 동정을 느끼고, 또 이 사건에 어느 정도 책임을 느끼고 있었으므로, 벌써 어떤 수단을 강구하고 있었다.

가마 안에서 페트로니우스가 말했다.

"노예들을 시켜서 성문을 빠짐 없이 감시하도록 명령을 내렸다. 리기아와 연회장에서 그녀를 데리고 나간 거인의 인상 착의서도 모두 나누어 주었다. 그 처녀를 납치해 간 사람은 그 거인임에 틀림없어. 내 말을 잘 들어라. 어쩌면 플라우티우스 부부가 어딘가 자기들의 영지에 그녀를 숨겨 두려고 할지도 모르지만, 그렇다면 어느 방향으로 데려갈지 알아 낼 수 있을 거야. 하지만 어느 성문에서도 그녀의 모습을 보지 못한다면, 그것은 곧 그들이 이 도시 안에 있다는 증거가 된다. 오늘부터라도 시내를 수색해 보자."

"플라우티우스 부부는 리기아가 어디 있는지 모르는 것 같습니다." 비니키우스가 말했다.

"확실해?"

"궁전에서 폼포니아를 만났습니다. 그분도 리기아를 찾고 있었거든요."

그리스 인 킬로

두 사람은 페트로니우스의 저택 앞에서 가마를 내렸다. 그 때, 아트리움 담당 노예의 우두머리가 성문에 보낸 노예들로부터 아무 소식도 받지 못했다고 보고했다.

"그러니까 그 두 사람은 아직 성 안에 있는 거야. 그렇다면 찾아 낼 수 있다. 네 노예들에게도 명령을 내려 성문을 지키게 해라. 리기아를 맞이하러 갔던 녀석들을 보내는 것이 좋을 거야. 그 녀석들이라면 리기아를 바로 알아볼 테니까 말이야."

페트로니우스가 말했다. 그리고 그는 잠시 무엇인가 생각하고 있다가 말을 이었다.

"리기아도 폼포니아 밑에서 자랐으니, 그녀가 믿는 신을 숭배하고 있을 거야. 그것이 리기아를 찾는 데 도움이 될 것이다. 리기아를 숨겨 놓은 자들은 바로 폼포니아가 믿는 신을 숭배하는 자들일 테니까. 잘 지켜보면 그들의 행동에서 무엇인가 발견하게 될 거야."

"그 종교는 용서하라고 명하는 종교입니다. 아크테의 방에서 폼포니아를 만났는데, 제게 이렇게 말하더군요. '당신이 우리와 리기아에게 행한 일을 하느님께서 용서해 주시기 바랍니다.' 라고요."

비니키우스가 말했다.

"아마 그들이 믿고 있는 신은 상당히 너그러운 모양이구나. 그들의 신이 너를 용서하고, 그 용서의 표시로 그 처녀를 네게 돌려주었으면 좋겠구나."

페트로니우스는 좀 가엾다는 얼굴로 비니키우스를 바라보았다.

아닌게아니라 비니키우스의 눈 주위는 거무스름하게 테가 생겨 있었고, 눈동자는 열기를 띠고 있었으며, 이틀 동안 깎지 못한 수염은 야무진 선의 턱을 시커멓게 덮고 있었다. 머리칼도 흩어져 있어 마치 환자처럼 보였다.

비니키우스의 괴로움을 덜어 주기 위한 궁리에 빠져 있던 페트로니우스는 에우니케를 불렀다.

"이 애를 네게 주마. 데려가거라."

페트로니우스가 금발의 그리스 여자의 허리에 손을 돌리며 말했다. 에우니케는 그 말을 듣자마자 얼굴이 창백해졌다. 그리고 겁에 질린 눈으로 비니키우스를 바라보았다. 숨을 죽인 채 대답을 기다리는 것 같았다.

비니키우스는 벌떡 일어나서, 두 손으로 관자놀이를 누르며 재빨리 말했다.

"아닙니다! 이 여자도, 다른 어떤 여자도 필요 없습니다! 지금부터 나가서 온 시내를 뒤져서 그녀를 찾겠어요."

이렇게 말하고 나서 그는 밖으로 나갔다.

페트로니우스는 비니키우스가 정말로 한 곳에 가만히 있을 수 없다는 것을 알고 있었기 때문에, 굳이 붙잡아 두려고 하지 않았다. 그러나 방금 보여 준 자기의 선심을 헛되게 하고 싶지 않아서, 에우니케 쪽을 보며 말했다.

"에우니케, 목욕을 하고 향유를 바르고 화장을 한 다음, 비니키우스의 집으로 가거라."

그러자 에우니케는 페트로니우스 앞에 무릎을 꿇고 앉아서, 다른 데로 보내지 말아 달라고 두 손 모아 간청했다.

"가고 싶지 않아요. 이 댁에서 매일 회초리를 맞고 있어도 좋으니, 제발 불쌍히 여기셔서 내보내지 말아 주세요."

페트로니우스는 어안이벙벙해서 그 말을 듣고 있었다. 일개 노예가 감히 주인의 명령을 거역하거나, 가고 싶지 않다고 하는 따위의 말을 하는 것은 일찍이 이 로마에서는 들어 보지 못했기 때문에, 그는 자기의 귀를 믿을 수가 없었던 것이다.

마침내 그는 미간을 찌푸렸다. 그는 풍류를 아는 사람이었으므로 거친 짓은 하지 않았다. 그의 노예들은 다른 집의 노예들보다 자유스러웠는데, 거기에는 책임을 훌륭하게 다하고, 그의 뜻을 신의 뜻처럼 존중하지 않으면 안 된다는 조건이 있었다. 만일 이 두 가지의 의무를 게을리할 경우에는, 그도 일반의 관례에 따라 내려야 할 벌을 내리지 않을 수가 없었다. 그래서 그는 무릎을 꿇고 있는 여자를 내려다보고 말했다.

"가서 티레시아스를 불러오너라. 너도 같이 오는 거야."

에우니케는 눈에 눈물을 머금고 떨면서 나갔다가, 곧 우두머리 노예인 티레시아스와 함께 돌아왔다.

"에우니케를 데리고 가서 회초리로 스물다섯 대만 때려라. 하지만 피부가 상하지 않도록 조심해."

그러고 나서 그는 서재로 들어갔다.

얼마 후, 가벼운 식사를 하려고 식당으로 가던 페트로니우스는 노예들 틈에 섞여 있는 에우니케를 보았다.

"벌을 받았느냐?"

페트로니우스가 묻자, 에우니케는 다시 그의 발 아래 엎드려 그의 옷자락에 입을 맞추고 말했다.

"네, 주인님! 벌은 받았습니다."

그녀의 목소리에는 기쁨과 감사의 정이 넘쳐 흐르고 있었다.

분명히 그녀는 쫓겨나는 대신 매를 맞았으니 이제는 이 곳에서 살 수 있다고 생각하는 모양이었다.

그것을 눈치챈 페트로니우스는 이 정열적인 저항에 깜짝 놀랐으나, 곧 그런 저항의 원인을 생각해 냈다. 즉, 그녀가 누군가를 좋아하여 이 집을 떠나기 싫어하는 모양이라고 생각했던 것이다.

"이 집에 좋아하는 사람이 있느냐?"

그가 물었다.

그녀는 눈물이 그렁그렁한 푸른 눈으로 그를 쳐다보며, 들릴락말락한 목소리로 대답했다.

"네, 주인님."

"너의 애인이 누군가?"

그가 다시 물었으나, 에우니케는 대답하지 않았다. 다만 얼굴이 그의 발에 닿을 만큼 고개를 푹 숙이고 꼼짝도 하지 않았다.

페트로니우스는 에우니케를 흘끗 내려다보고 잠자코 식당으로 갔다.

그날 밤, 늦게 집으로 돌아온 페트로니우스는 티레시아스를 불렀다.

"에우니케가 좋아하는 게 어떤 녀석이지?"

"그런 자는 없습니다."

"그 애에 대해서 달리 아는 게 있느냐?"

이 말에 대해서 티레시아스는 별로 자신이 없는 투로 대답했다.

"에우니케는 밤중에 침실을 빠져 나간 적이 한 번도 없었습니다."

"알았다! 에우니케를 비니키우스에게 주려고 했더니 필요없다고 해서, 그 애를 이 집에 그대로 두기로 했다. 그만 물러가거라."

"사실은……. 드릴 말씀이 있습니다."

"뭐냐?"

"비니키우스 님 댁으로 가기로 했던 아가씨가 사라졌다는 이야기를 듣고, 에우니케가 그 아가씨를 찾아 낼 수 있는 사람이 있다고 말했습니다."

"그래? 그자가 누구냐?"

페트로니우스가 물었다.

"저는 모릅니다. 하지만 일단 주인님께 말씀을 드려야 할 일인 것 같아서……."

"좋아. 내일 그자를 이리로 불러와서 비니키우스가 올 때까지 기다리게 해라. 비니키우스에게는 내일 아침에 내게 오란다고 전해라."

다음 날 페트로니우스가 향유실에서 막 옷을 갈아입었을 때, 티레시아스의 전갈을 받은 비니키우스가 왔다.

"에우니케가 리기아를 찾아 낼 수 있는 사람을 알고 있다는구나."

"에우니케요? 어제 저에게 주겠다고 하신 그 여자 말인가요?"

"그래, 네가 거절한 아이야."

페트로니우스의 말이 채 끝나기도 전에 에우니케가 들어왔다. 그 얼굴에는 맑고 침착한 표정이 나타나 있고, 눈은 반짝반짝 빛나고 있었다.

"에우니케, 어제 네가 티레시아스에게 말한 사람이 와 있느냐?"

"네, 주인님."

"그 사람 이름이 뭐냐?"

"킬로 킬로니데스입니다."

"무엇을 하는 사람이지?"

"의사이며 철학자이며 사람의 운명을 판단하여 예언해 주는 점술가입니다."

"너의 운명도 예언해 주었느냐?"

에우니케는 목덜미까지 빨개졌다.

"네, 주인님."

"그가 뭐라고 예언했지?"

"고통과 행복을 얻게 될 것이라고 말했어요."

"그래, 고통은 어제 티레시아스의 손으로 맛보았고, 행복도 곧 찾아오겠지."

"벌써 찾아왔는걸요, 주인님."

"어떻게?"

"이 댁에 그대로 있게 되었으니까요."

에우니케가 조그만 목소리로 말했다.

페트로니우스가 그녀의 금발 위에 손을 얹었다.

"오늘은 주름을 잘 잡았다. 내 마음에 꼭 드는구나, 에우니케."

페트로니우스와 비니키우스가 아트리움으로 가자, 킬로가 기다리고 있다가 두 사람에게 공손히 인사했다.

"우리가 당신에게 무엇을 부탁하려고 하는지 알고 있소?"

페트로니우스가 물었다.

"로마 전체가 그 소문으로 떠들썩한데 그걸 모를 리가 있겠습니까? 그저께 밤에 플라우티우스 가에서 자란 리기아란 아가씨가 실종되었는데, 비니키우스 님 댁의 노예들이 궁전에서 데려오던 도중에 일어난 사건이지요. 따라서 제가 할 일은, 그 아가씨의 행방을 알아 내는 것인 줄 알고 있습니다."

"좋소. 그럼 당신에게 무슨 수가 있소?"

비니키우스가 물었다.

"수단은 나리께서 가지고 계시잖습니까? 제가 가지고 있는 것은 지혜뿐입니다."

킬로가 능청맞은 미소를 띠었다.

"만일 당신이 보수가 욕심이 나서 나를 속이려고 하거나 엉뚱한 짓을 한다면 용서하지 않겠소."

비니키우스가 눈살을 찌푸리며 말했다.

"나리, 저는 철학자입니다. 뜨내기 장사꾼이 아닙니다. 보수 같은 것은 탐내지 않습니다."

"그럼 언제부터 수색을 시작하겠소?"

"벌써 시작했습니다. 저는 나리의 점잖은 질문에 답변을 하고 있는 동안에도 수색을 계속하고 있습니다."

"좋소. 달리 필요한 것이 있소?"

"무기가 필요합니다."

"어떤 무기 말이오?"

비니키우스가 다소 놀란 표정으로 되물었다.

그리스 인은 손바닥을 펴고, 말없이 다른 손으로 돈을 세는 시늉을 해 보였다.

비니키우스가 지갑을 던져 주자, 킬로는 오른손으로 그것을 받았다.

그리고 고개를 숙이며 말했다.

"나리, 저는 나리들께서 생각하는 이상으로 여러 가지를 알고 있습니다. 아가씨를 납치한 것은 플라우티우스 내외분이 아니라는 것, 이것은 그 댁 노예들에게서 알아 낸 것입니다. 또 아가씨가 팔라티움 궁에는 없다는 것도 알고 있습니다. 팔라티움 궁 안에서는 지금 모두들 어린 황녀님을 간호하느라고 정신들이 없습니다. 두 분 나리께서 순찰대나 황제의 친위병보다 저의 힘을 빌려 아가씨를 찾으시려고 하는 이유도 대강 짐작하고 있습니다. 아가씨를 도망치게 한 것은, 그 고향에서 함께 온 거인이라는 사실도 알고 있습니다. 그를 도와준 것은 아마 그와 같은 종교를 믿는 신자들일 것입니다."

"들었니, 비니키우스? 나도 그렇게 말했었지."

페트로니우스가 끼어들었다.

"그 아가씨는 로마에서도 가장 정숙하고 부덕의 표본이라고 할 수 있는 폼포니아와 같은 신을 받들고 있지요. 비니키우스 님, 플라우티우스 님 댁에서 보름쯤 묵었다고 하시던데, 그 때 이상하다고 생각하신 것은 없었습니까?"

"없소."

"폼포니아나 리기아 아가씨가 그분들 사이에서만 통용되는 기호 같은 것을 쓰는 걸 보신 적은 없습니까?"

"기호라……. 아, 언젠가 리기아가 모래 위에다 물고기를 그리는 것을 봤소."

"물고기요? 그 아가씨가 그린 것이 분명 물고기였습니까?"

"틀림없소. 그게 무슨 뜻인지 알겠소?"

"알다마다요."

킬로가 크게 소리쳤다. 그리고 그는 물러가겠다는 신호로 고개를 숙여 절하면서 덧붙였다.

"언제나 운명의 여신이 두 분에게 많은 은혜를 베풀어 주시기를 빕니다."

킬로는 망토의 주름 밑에서 비니키우스에게서 받은 지갑을 흔들어 보며 그 무게와 금화가 잘랑대는 소리에 도취해 있었다. 페트로니우스의 집에서 혹시 누가 자기를 보고 있지 않나 싶어 연신 뒤를 돌아보며, 그는 천천히 리비 주랑을 지나서, 비브리우스 모퉁이까지 가서, 거기서 다시 수부라 쪽으로 꺾어들었다.

"스포루스에게로 가서 행운의 여신에게 포도주를 조금 바쳐야겠군. 그토록 오래 바라고 바라던 것을 드디어 얻게 된 거야. 젊고 성급하고 키프로스의 광산 주인만큼이나 돈을 잘 쓰는 나리께서는 그 리기아 족의 조그만 처녀를 위해서라면, 정말이지 재산의 절반을 내놓을 거야. 그렇다, 내가 오늘날까지 찾고 있었던 것은 바로 그런 사내였지. 그러나 그를 경계하지 않으면 안 돼. 그 미간을 찌푸리는 것은 결코 좋은 징조가 아니니까. 그 처녀가 모래 위에다 물고기를 그렸다고? 그 뜻을 알 수만 있다면 좋으련만! 걱정할 것 없어, 곧 알게 될 테니까."

이렇게 중얼거리면서 그는 술집으로 들어가 포도주를 한 병 주문했다. 주인이 수상쩍어하는 눈치를 보이자, 그는 지갑에서 금화를 한 닢 꺼내어 그것을 테이블 위에 놓고 말했다.

"스포루스, 오늘은 새벽부터 정오까지 세네카와 함께 일을 했지. 이건 그 친구가 헤어질 때 네게 준 거야."

스포루스의 동그란 눈은 그것을 보고는 더욱 동그래졌고, 주문한 포도주는 바로 킬로의 앞에 놓여졌다. 킬로가 그것에 손가락을 적셔서 테이블 위에다 물고기를 그리며 물었다.

"이게 무슨 뜻인지 알겠어?"

"물고기? 그래, 그렇지. 물고기는 어디까지나 물고기지!"

"이런 바보 같으니라고. 그러면서도 물고기가 그 속에서 헤엄을 칠 수 있을 만큼 멀겋게 포도주에다 물을 잔뜩 붓겠지. 이것은 하나의 상징이야. 만일 이것을 알아맞힌다면, 당장에 행운이 날아들 거야."

그 후 며칠 동안 킬로는 어디에도 얼굴을 내밀지 않았다.

그 동안에도 비니키우스는 리기아를 찾아 내려고 애를 썼다.

그 때, 팔라티네 궁에서 앓고 있던 황녀 아우그스타가 죽었다. 네로는 슬픔에 잠겨 아무것도 먹지 않은 채 꼼짝도 하지 않았다.

페트로니우스는 그 죽음에 불길함을 느꼈다. 포피아가 황녀는 저주를 받아 죽은 것이라고 주장하고 있음은 로마에 널리 알려진 사실이었다.

네로를 잘 알고 있는 그는, 네로가 자신의 고통을 과장하기 위해 그 말을 믿고 있는 것처럼 행동할 것이라는 생각이 들었다.

과연 그 생각이 옳았다. 네로는 화석이 된 듯한 표정으로, 시선을 한 군데에 집중시키고 원로원 의원이나 기사들의 조문의 말을 듣고 있었다.

페트로니우스를 보자, 네로는 벌떡 일어나서 비극적인 음성으로 모두에게 들리도록 소리를 질렀다.

"아, 황녀의 죽음은 모두 페트로니우스 탓이야! 그대의 권유로 이 궁전에 악령을 불러들였고, 그 악령이 한 번 노려본 것만으로 황녀가 죽었어. 아, 슬프도다! 아아!"

네로의 목소리는 점점 높아져 마침내 절망적인 절규로 변했다.

그 순간, 페트로니우스는 모든 것을 걸고 주사위를 한번 던져 보기로 했다. 그는 느닷없이 한 손을 들어올려, 네로가 언제나 몸에 감고 있는 명주 수건을 낚아채어 그것으로 그의 입을 막았다.

"폐하! 폐하의 슬픔이 그렇게 크시다면, 로마나 온 세상을 불태워 버리시는 것은 상관없지만, 그 아름다운 목소리만은 저희들을 위해서 아껴 주시옵소서!"

페트로니우스가 엄숙하게 말했다.

그 말을 듣고, 그 자리에 있던 사람들은 물론이고 네로 자신도 어안이 벙벙한 표정이었다. 그러나 페트로니우스만은 태연했다.

그는 여전히 슬프고 엄숙한 목소리로 말을 이었다.

"폐하, 저희는 이루 말할 수 없는 큰 손실을 입었습니다. 저희들에게 위안을 주기 위해서라도 폐하께서 지니신 그 보물만이라도 남겨 주시옵소서!"

네로의 얼굴이 실룩거리고, 이윽고 그 눈에서 눈물이 흘러내렸다. 그는 갑자기 페트로니우스의 어깨에 손을 얹고 그 가슴에 머리를 묻고 훌쩍거리기 시작했다.

"이 많은 사람들 중에서 나를 알아주는 건 그대뿐이로군. 페트로니우스, 그대뿐이로다!"

티겔리누스는 질투가 나서 얼굴이 새파래졌다.

그 기회를 놓치지 않고 페트로니우스가 말했다.

"폐하! 안티움으로 행차하십시오. 그 곳은 황녀께서 태어나시어 폐하께 기쁨을 안겨 드린 곳이므로, 평안 또한 그 곳에서 얻으실 수 있을 것입니다. 바다 공기로 그 귀하신 음성을 깨끗하게 하시옵소서."

"그렇게 해야지! 그 애를 위해서 찬가를 만들어야지."

네로가 슬픈 목소리로 대답했다.

눈을 가리고 있던 구름이 갠 것처럼 네로의 우울한 기분은 점차 맑아졌다.

궁전을 나온 페트로니우스는 비니키우스의 집으로 향했다.

"위험을 모면했다. 플라우티우스나 폼포니아, 그리고 우리, 리기아의 위험까지도 말이야. 리기아에 대한 수색은 없을 거야."

페트로니우스는 궁전에서의 일을 비니키우스에게 들려주며 덧붙였다.

"나는 황제를 따라 안티움에 가야 한다. 무슨 소식이 있으면 알려 다오."

"알겠습니다."

그 때, 노예가 들어와서 말했다.

"킬로가 현관에서 기다리고 있습니다. 주인님을 뵙고 싶다고 합니다."

비니키우스는 안으로 들여보내라고 말했다.

킬로가 들어오며 인사를 했다.

"안녕하십니까, 군단 사령관님? 그리고 나리께서도. 리기아 아가씨를 틀림없이 찾을 수 있다는 확증을 가지고 왔습니다."

"그러니까 아직 찾지 못했다는 말이오?"

"네, 나리. 하지만 저는 그 아가씨가 그려 보인 그림의 뜻을 알아 냈습니다. 아가씨를 납치해 간 자들이 어떤 자들인지, 또 어떤 신을 믿고 있는지도요. 그자들을 수소문해 보면 찾을 수 있을 겁니다."

비니키우스가 의자에서 벌떡 일어나려고 하자, 페트로니우스가 그의 어깨를 지그시 누르더니 킬로 쪽을 보며 말했다.

"계속하시오."

"나리, 아가씨가 모래 위에 물고기를 그린 것은 확실합니까?"

"그렇소."

비니키우스가 토해 내듯이 말했다.

"그렇다면 아가씨는 그리스도 교도이고, 납치해 간 자들은 그리스도 교도들입니다. 그 물고기 그림은 그리스도 교도들의 암호입니다."

한순간 침묵이 흘렀다. 두 사람은 놀라움을 금할 수가 없었다.

"그렇다면 폼포니아와 리기아가 우물에 독을 타거나 거리에서 어린아이를 죽이는 그런 사람이란 말이오? 말도 안 돼. 이건 모략이야. 만일 그 여자들이 그리스도 교도라면, 그리스도 교도는 지금까지 우리가 생각해 왔던 그런 사람들이 아닌 게 분명해!"

페트로니우스가 말했다.

"나리, 나리께선 소크라테스 같은 말씀을 하시는군요. 도대체 누가 그리스도 교도를 연구했단 말입니까? 그 교리를 알고 있는 사람이 누굽니까? 3년 전 네아폴리스에서 로마로 올 때 왜 제가 그 곳에 머물러 있지 않았을까요? 글라우쿠스란 의사와 동행을 했었습니다. 그 사람은 그리스도 교도인데도 불구하고, 저는 대번에 그가 선량하고 덕망이 있는 사람이란 것을 알았습니다."

"바로 그 덕망 있는 사람한테서 물고기의 의미를 알아 냈단 말이오?"

"유감스럽게도 그런 건 아닙니다, 나리. 그 선량한 노인은 그 여행 도중 여관에서 어떤 사람의 단도에 찔렸습니다. 그의 처자는 노예 상인에게 끌려갔습니다. 저는 그를 보호해 주려다가 오른 손가락 세 개를 잃었지요. 그러나 그리스도 교도에게는 기적이 일어나는 일도 있다니까, 이 손가락이 다시 생겨나기를 바랄 뿐입니다."

"당신에게 하인을 하나 붙여 주겠소. 필요한 돈은 그 노예가 지불할 거요. 그 노예 앞에서 그 노인에게 돈을 주시오. 또 중요한 소식을 가지고 왔으니, 당신에게도 그만큼 돈을 지불하겠소. 오늘 밤에 다시 찾아오도록 하시오."

"나리야말로 진정한 황제이십니다! 제가 앞으로 철학 서적을 내게 되면, 나리께 바칠 수 있게 해 주십시오. 하지만 오늘 밤에는 돈만을 받게 해 주십시오. '두 분께 평화가 있으시길!' 이것은 그리스도 교도들

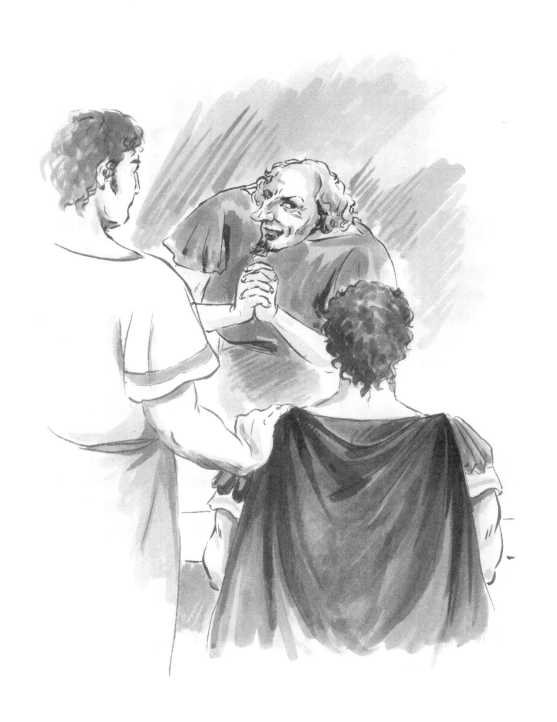

이 헤어질 때 주고받는 인사말입니다. 저도 이제 여자 노예를, 아니 남자 노예를 한 놈 사겠습니다. 물고기는 낚시로 낚고 그리스도 교도는 물고기로 낚고, 두 분께 평화가 있으시길! 평화, 평화, 평화!"

킬로가 말했다.

그리스도의 수제자

안티움의 페트로니우스로부터 비니키우스에게 편지가 왔다.

비니키우스, 믿을 만한 노예를 시켜 이 편지를 보낸다. 네 손은 원래 펜보다는 칼이나 창에 더 익숙해 있겠지만, 답장만은 지체 없이 이 사람 편에 보내 다오.

내가 떠나올 때 너는 좋은 단서를 얻어 희망에 차 있었으니, 지금쯤은 리기아를 만나 즐거움을 나누고 있겠지. 그렇지 않다 하더라도 겨울 바람이 불 때쯤엔 그렇게 될 것이다.

너는 전쟁에서는 운이 좋았다. 바라건대 사랑에 있어서도 그런 행운이 있기를!

배우인 알리투루스는 어제 오이디푸스 왕 역을 훌륭하게 해냈다. 그가 유대 인이어서, 유대 인은 모두 그리스도 교도냐고 내가 물어보았다. 그의 대답에 의하면, 유대 인은 옛날부터 고유한 종교를 가지고 있으며, 그리스도교는 최근에 유대에서 일어난 종파라고 하더구나. 티베리우스 시대에 어떤 사나이가 십자가에 못박혀 죽었는데, 그 뒤 그를 따르는 사람들이 날로 불어났다는 거야.

티겔리누스는 요즘 내게 노골적으로 적의를 나타내고 있다. 현재로서는 내게 꼼짝 못하고 있는 형편이면서도. 하지만 그에게는 나보다 유리한 점이 하나 있지. 즉, 그는 나보다 훨씬 강하게 인생에 집착하면서도 나보다 훨씬 악인인데, 바로 그 점이 그를 붉은 수염에게 접근시키고 있는 거야.

그 두 사람은 결국에 가서는 의기투합할 텐데, 그 때가 바로 내가 은퇴할 시기가 될 거야. 그 때가 언제일지 나도 짐작할 수 없으나, 언젠가 오리라는 것만은 확실하다. 그러므로 요즘은 그 시기 따위는 생각하지 않고 인생을 실컷 즐기려고 한다. 붉은 수염만 없으면 인생 그 자체는 그리 나쁜 것도 아니다.

네 여신인 그리스도 교도에게 안부 전해라. 아니, 그보다도 내 부탁이니, 네게까지 물고기처럼 굴지는 말라고 해라.

네 건강은 어떤지, 연애는 잘 되어 가는지 소식 전해라. 잘 있거라!

비니키우스는 그 자리에서 답장을 써서 노예에게 주었다.

리기아는 아직 찾지 못했습니다. 그러나 아예 희망이 없다면 외삼촌께 답장을 드리지 않았을 것입니다.

킬로는 그리스도 교인들이 예배를 드리기 위하여 모이는 장소를 알면 리기아를 찾을 수 있다고 말합니다.

그들은 언덕의 동굴 속 같은 곳에서 모이는데, 리기아는 폼포니아와는 다른 장소에 나가는 것 같아요. 안전하게 숨어 있기 위해서겠지요. 킬로가 그 곳을 찾아 내면, 함께 가 볼 생각입니다. 리기아가 아무리 변장을 하고 있다고 해도 저는 그녀를 알아볼 수 있을 것입니다.

제 가슴은 지금 리기아를 향한 그리움으로 가득 차 있습니다. 집안에서 시간을 보내는 것이 무척 괴로울 정도입니다. 그럼 안녕히 계십시오.

어느 날, 며칠씩 기다리게 한 끝에 킬로가 나타났다.

그런데 몹시 어두운 표정을 하고 있었기 때문에, 비니키우스는 실망하지 않을 수 없었다.

"그리스도 교도들 가운데도 그녀가 없는 거요?"

비니키우스가 겨우 힘을 내어 물었다.

"있습니다, 나리. 그리고 그들 가운데 의사 글라우쿠스가 있다는 것을 알아 냈습니다."

킬로가 대답했다.

"무슨 소리요? 그게 누구요?"

"나리께선 잊으신 모양이군요. 제가 네아폴리스에서 로마로 올 때 동행했던 노인입니다. 그를 보호해 주려다가 이렇게 제 손가락을 세 개나 잃었잖습니까?"

킬로는 손가락을 내보이며 말을 이었다.

"그는 자기 아내와 자식을 납치해 간 강도의 칼에 찔렸던 겁니다. 저와 헤어질 때, 그는 만투르나 근처의 여관에서 다 죽어 가고 있었기 때문에, 저는 그 후로도 오랫동안 그가 죽은 줄 알았습니다. 그런데 그가 살아서 그리스도 교도의 모임에 들어 있다는 것을 제가 확인한 겁니다."

"당신이 보호해 주었으면 고맙게 여기고 도와줄 것 아닙니까?"

비니키우스가 물었다.

"물론 마땅히 그는 제게 감사해야 합니다. 그런데 불행하게도 그는 심한 고생으로 노망이 들었는지, 감사하게 생각하기는커녕 같은 신자들에게 제가 그 강도들과 한패였다는 둥, 또 자기 불행의 원인은 저라는 둥 하고 있다는 겁니다. 그러니 글라우쿠스가 살아 있는 한 아가씨를 찾아 내는 일은 힘들 것 같습니다."

"그래서 도대체 나보고 뭘 해 달라는 거요?"

비니키우스가 짜증스럽게 물었다.

"글라우쿠스를 없앴으면 합니다. 그가 살아 있으면 제 목숨이나 아가씨를 찾는 일이나 위험할 테니 말입니다."

"그럼 사람을 시켜서 없애도록 하시오. 돈은 내가 내겠소."

비니키우스가 말했다.

실제로 킬로에게는 글라우쿠스를 없애는 것이 가장 큰일이었다. 왜냐하면 글라우쿠스는 육체적으로는 늙었을지 모르나 노망이 든 것은 아니었기 때문이다.

사실 글라우쿠스는 킬로의 옛 친구였다. 그런데 킬로가 그를 배신하여 강도에게 팔아넘긴 다음, 그의 가족과 재산을 빼앗고 그를 죽이려고 했던 것이다.

킬로는 다 죽어 가는 그를 여관이 아니라 만투르나 근방의 벌판에 버리고 왔으므로, 설마 그가 살아서 로마에 나타나리라고는 꿈에도 생각지 못했다. 그래서 기도소에서 그를 보았을 때는 너무 놀라서 기절할 뻔했다.

비니키우스의 집을 나온 킬로는 해가 저물기를 기다려 에우리키우스를 찾아갔다. 에우리키우스는 그를 믿고 존경하고 있어서, 그를 위해서라면 무슨 일이든 하리라는 것을 알고 있었기 때문이다.

에우리키우스는 그리스도 교도로, 투기장 근처에서 가게를 얻어 올리브 열매와 콩, 꿀물 등을 파는 장사꾼이었다.

얼마 전, 킬로는 비니키우스에게서 받은 돈으로 에우리키우스의 아들인 콰르티우스를 노예의 신분에서 해방시켜 주었다. 그리스도 교도들에 관한 정보를 캐기 위해서였다.

킬로는 그리스도의 이름으로 인사를 하고 나서, 자기의 방문 목적을 설명했다.

"당장 힘이 세고 용감한 사람이 두세 명 필요한데, 그것은 나뿐 아니라 모든 그리스도 교도에게 다가오고 있는 위험을 막기 위해서일세. 나를 믿고 하라는 대로 충실하게 해 주기만 하면, 보수는 충분히 지불할 생각이네."

"선생님, 빵집을 하고 있는 테마스라는 사람을 알고 있습니다. 그의 빵공장에서 일하는 노예나 일꾼들이 많아요. 그 일꾼들 중에 두 사람, 아니 네 사람까지도 거뜬히 해치울 수 있는 굉장한 힘을 가진 자가 있어요. 며칠 전에 그가 네 사람이 들어도 끄떡하지 않을 바윗덩이를 들어올리는 것을 제 눈으로 똑똑히 봤거든요."

"만일 그가 진심으로 하느님을 믿고, 형제들을 위해서 자신을 희생할 수 있는 사람이라면 내게 소개해 주게."

"그는 그리스도 교도입니다. 지금 가면 저녁 식사를 하고 있을 테니까, 아마 자유롭게 이야기할 수 있을 것입니다."

에우리키우스의 아들 콰르터스가 말했다.

그리하여 킬로는 콰르터스를 따라 테마스의 공장으로 갔다.

콰르터스는 공장 안으로 들어가더니, 곧 한 사나이를 데리고 나왔다. 킬로는 그 사나이가 가까이 오는 것을 보면서 자기도 모르게 만족스러운 숨을 내뿜었다. 그런 팔, 그런 가슴은 본 적이 없었던 것이다.

"선생님, 이분이 만나고 싶어하시던 형제입니다."

콰르터스가 말했다.

"형제여, 그대의 이름은?"

킬로가 물었다.

"거룩한 세례에 의해 우르바누스라는 이름을 받았습니다."

"우르바누스 형제여, 나와 조용히 이야기할 시간이 있는가?"

"우리들의 작업은 한밤중에 시작됩니다."

"그러면 시간은 충분하군. 강변으로 가서 이야기하세."

그들은 강가로 가서 돌로 쌓아올린 둑 위에 앉았다. 멀리서 연자매 돌아가는 소리와 강물 흐르는 소리만 들려올 뿐 주위는 무척 조용했다.

"우르바누스, 그대는 그리스도를 사랑하는가?"

"진심으로 사랑합니다."

일꾼이 대답했다.

"그리고 형제 자매, 또 진리와 그리스도의 믿음을 가르쳐 준 사람들도 사랑하는가?"

"그들도 사랑합니다."

"그대에게 평화가 있기를!"

"선생님께도 평화가 있으시길 빕니다."

사방이 다시 고요해졌다. 멀리서 연자매 돌리는 둔한 소리와 발 밑에서 강기슭을 치는 물소리가 들려올 뿐이었다.

"유다가 구세주를 유대 인과 로마 군사들에게 팔아먹은 것처럼, 우리들 사이에 살고 있는 유다는 구세주의 어린 양들을 늑대에게 팔아넘기려 하고 있네. 만일 누가 그 배신자를 막지 않으면, 우리 모두가 멸망하고 말 걸세."

"선생님, 그 배신자가 누굽니까?"

마침내 일꾼이 물었다.

"기도소에 가서 형제들에게 글라우쿠스가 누구냐고 물어 보게. 형제들이 알려 주면, 그리스도의 이름으로 죽이는 거야!"

"글라우쿠스?"

그 이름을 외워 두려는 듯이 일꾼이 물었다.

"자네, 그자를 아나?"

"아니, 모릅니다. 하지만 내일 밤 오스트리아눔에 그리스도의 대사도가 오셔서 설교할 것이므로, 형제 자매들이 모두 나올 것입니다. 거기에 가면 누군가 제게 글라우쿠스를 가르쳐 줄 것입니다."

"오스트리아눔에? 형제 자매들이 내일 밤 모두 거기, 성 밖에 있는 오스트리아눔에 모인단 말이지?"

킬로가 물었다.

"그렇습니다, 선생님. 그 곳은 우리들의 묘지로, 살라리아 가도와 노멘타나 가도 중간에 있습니다. 거기서 대사도님의 설교가 있는 걸 모르고 계셨습니까?"

"이틀 동안 집을 비웠기 때문에 그분의 편지를 받지 못했네. 게다가 코린토스에서 온 지가 얼마 안 되어 오스트리아눔이 어딘지도 잘 모르네. 거기서는 내가 그리스도 교도들 단체의 우두머리였지……. 아무튼 됐어! 아들이여, 내일 밤 오스트리아눔으로 가서 형제들 가운데서 글라우쿠스를 찾아 내어 시내로 들어오는 길에 죽여 버려. 그렇게 함으로써 자네는 모든 죄에서 사함을 받네. 그럼 그대에게 평화가 있기를……."

"선생님, 이 일에 대한 책임은 선생님께서 지시는 거지요? 글라우쿠스가 형제를 배반했다는 것을 선생님께서 직접 들으셨습니까?"

일꾼이 애원하는 듯한 목소리로 물었다.

"들어 보게, 우르바누스. 나는 코린토스에 살고 있지만 본디 코스 태생이라네. 로마에서는 나와 같은 고향 사람인 에우니케라는 여자 노예와 연락을 취하고 있지. 그 처녀는 황제의 친구인 페트로니우스라든가, 뭐 그런 사람 집에서 옷에 주름을 잡아 주고 있네. 그 집에서,

글라우쿠스가 모든 그리스도 교도들을 배반할 음모를 꾸미고 있는 것을 들었네. 또 글라우쿠스가 역시 황제의 친구인 비니키우스라는 사람에게, 그리스도 교도들 중에서 어떤 처녀를 찾아 주겠다고 약속하는 것을 들었네."

여기서 킬로는 말을 끊고, 이상하다는 듯이 일꾼의 얼굴을 쳐다보았다. 그의 눈이 갑자기 짐승의 눈처럼 번쩍거리고, 사나운 분노와 위협의 표정이 얼굴에 떠올랐던 것이다.

"왜 그러나?"

킬로가 겁에 질려 물었다.

"아니, 아무것도 아닙니다. 선생님, 제가 내일 글라우쿠스를 해치우겠습니다."

그는 두어 번 한숨을 내쉬고 나서 일꾼 머리에 또다시 손을 얹고, 엄숙하고 분명한 목소리로 물었다.

"우르바누스는 세례 때에 받은 이름인가?"

"네, 선생님."

"그러면 우르바누스, 자네에게 평화가 있기를."

비니키우스는 킬로에게서 우르수스를 만났다는 이야기를 듣자 오래된 열병이 나은 것 같은 기분이었다.

그 기분을 재빨리 살핀 킬로는 신이 나서 말을 이었다.

"오늘 밤 오스트리아눔으로 가시면 리기아 아가씨를 만나실 수 있습니다."

"오스트리아눔? 그게 어디지요?"

비니키우스가 다그쳤다. 당장 그 곳으로 쫓아갈 기세였다.

"살라리아 가도와 노멘타나 가도 중간에 있는 옛 지하 묘지입니다.

그리스도교의 대사도가 와서, 오늘 밤 그 묘지에서 세례를 주고 설교를 하기로 되어 있답니다. 이건 우르수스가 제게 직접 말한 것인데, 모두 그리스도의 첫 번째 제자였던 사람, 모든 사람에게 '대사도'라고 불리는 사람의 얼굴을 보고 그 말씀을 듣고 싶어하니까, 오늘은 한 사람도 빠짐 없이 오스트리아눔으로 모일 거랍니다."

비니키우스는 대리석 위에 놓여 있는 상자 안에서 돈지갑을 꺼내어 킬로에게 던져 주었다.

"당신에게 주는 은화요. 리기아가 내 집의 노예가 되면, 지금 이런 지갑에다 금화를 가득 넣어 주겠소."

"오, 주피터시여!"

킬로가 외쳤다.

그러나 비니키우스는 미간을 찌푸리며 말했다.

"우리 집에서 쉬도록 하시오. 저녁때까지 한 발짝도 움직이면 안 됩니다. 밤이 되면, 나를 오스트리아눔으로 안내하시오."

그 순간, 킬로의 얼굴에 망설임과 두려움의 빛이 떠올랐다. 그러나 그는 곧 침착해졌다.

"나리의 명령을 어찌 감히 거역하겠습니까? 그런데 한 가지 주의하셔야 할 일이 있습니다. 아직은 안심할 수가 없으니, 그 곳으로 갈 때는 망토의 후드를 푹 눌러 써서 얼굴을 가리고, 어두운 구석에 서서 그 속에 모여 있는 사람들을 관찰하는 정도로 그치지 않으면 안 됩니다. 만일 오스트리아눔에서 리기아 아가씨를 발견하면, 멀리서 뒤를 쫓아 그 거처만 확인하고 돌아와야 합니다. 그리고 다음 날 새벽 노예들을 풀어서 그 집을 포위하게 하고, 낮에 데리고 나오는 것이 가장 안전한 방법입니다. 혹시 아가씨를 발견할 수 없는 경우에는 우르수스의 뒤를 밟으면 되니까, 결과는 마찬가집니다. 그리고 무슨 일이 있을지 모르니, 무장을 하시고, 믿을 만한 무사를 데리고 가십시오."

비니키우스는 킬로의 말이 옳다고 생각되어, 노예들을 시켜 검투사 크로토를 불러오게 했다.

킬로는 로마 인이라면 모르는 사람이 없는 그 유명한 검투사를 불러 오라는 소리를 듣자 마음이 놓였다.

'우르수스가 제아무리 장사라고 해도 크로토를 당해 내진 못할 거야.'

그런 생각을 하면서 킬로는 오늘 밤 우르수스가 글라우쿠스를 죽여 주기만을 간절히 바랐다.

킬로는 비니키우스의 집에서 식사를 하고 깜빡 잠이 들었다가, 크로토가 왔을 때에야 눈을 떴다.

거대한 몸집의 크로토는 비니키우스와 그날 밤의 보수에 대한 흥정을 마치고 말했다.

"나리, 정말 오늘 잘 부르셨습니다. 내일은 베네벤툼으로 가서 아프리카의 검은 거인 시팍스와 시합을 하게 되어 있거든요. 나리, 그놈의 허리뼈가 제 주먹 한 방으로 부러지거나 그 턱이 으스러지는 꼴을 상상해 보십시오."

"크로토, 자네 같으면 충분히 그렇게 하고도 남을 걸세."

비니키우스가 말했다.

킬로도 끼어들었다.

"그렇고말고요. 하지만 오늘은 올리브 기름으로 손과 발을 잘 문질러 만반의 준비를 해 주십시오. 비니키우스 나리께서 소중하게 여기시는 그 아가씨를 지키는 자는 굉장한 장사라고 합디다."

"나도 보지는 못했지만, 사람들 말로는 황소 뿔을 잡고 마음대로 다닌다고 하더군."

비니키우스가 말했다.

"저런!"

킬로가 소리를 질렀다. 그는 우르수스가 그 정도로 힘이 세리라고는 생각지 못했던 것이다.

그러나 크로토는 경멸하듯이 코웃음을 쳤다.

"나리, 문제없습니다. 그놈을 이 손으로 꼼짝 못하게 잡고, 다른 손으로 리기아 족 일곱 놈쯤 해치우고, 그리스도 교도들이 늑대처럼 쫓아오는 사이를 빠져 나와 나리 댁으로 아가씨를 모셔다 드리겠습니다."

"나리, 그렇게 하면 안 됩니다. 아가씨를 일단 숨어 계신 집으로 돌려보낸 다음, 위험이 없을 때 모셔 오는 게 좋을 것입니다."

킬로가 소리쳤다.

"내 생각도 그래, 크로토."

비니키우스가 말했다.

"나리께서 보수를 주시는 것이니 시키는 대로 하겠습니다. 다만 내일은 베네벤툼으로 가야 된다는 것만은 잊지 말아 주십시오."

비니키우스는 두 사람에게 물러가라고 손짓한 다음, 서재에 가서 페트로니우스에게 편지를 썼다.

킬로가 드디어 리기아를 찾아 냈습니다. 오늘 밤 킬로와 크로토를 데리고 오스트리아눔으로 갑니다. 늦어도 내일 아침에는 리기아를 데려올 수 있으리라 생각됩니다. 신의 은총이 외삼촌께 있으시기를! 그럼 안녕히 계십시오. 너무 기뻐서 더 이상 쓸 수가 없습니다.

그날 밤, 세 사람은 한적한 거리를 지나서 노멘타나 가도로 나섰다. 거기서 왼편으로 꼬부라져서 살라리아 가도로 나서니 모래 채취장의 구덩이가 사방에 깔려 있고, 곳곳에 무덤이 있는 모래 언덕이 나타났다.

사방은 완전히 어두워졌다. 달도 아직 떠오르지 않았기 때문에, 킬로가 짐작한 대로 그리스도 교도가 직접 길을 가르쳐 주지 않았더라면 길을 찾지 못할 뻔했다.

실제로 사방에 사람의 검은 그림자가 보였는데, 그 그림자들은 서로 조심스레 경계하면서 모래 골짜기를 향해 걸음을 재촉하고 있었다. 그들 가운데는 등불을 들고 있는 사람들도 있었으나, 가능한 한 망토로 불빛을 가리고 있었다.

어떤 사람들은 길을 잘 알고 있어서 어둠 속에서도 곧잘 걸어갔다. 싸움터에서 훈련을 받은 비니키우스의 눈은 그들의 거동만 보고도 젊은 사내, 지팡이를 든 늙은이, 긴 상의로 조심스럽게 몸을 감싸고 있는 여자들을 가려 낼 수가 있었다.

멀지 않은 곳에 모닥불인지 횃불인지 분간할 수 없는 밝은 불빛이 보였다.

"저기가 오스트리아눔이오?"

비니키우스가 킬로에게 물었다.

"잘 모르겠습니다, 나리. 저도 오스트리아눔에는 한 번도 와 본 적이 없으니까요."

이윽고 그들은 좁다란 골짜기로 들어섰다. 양쪽은 참호의 벽처럼 되어 있고, 어떤 곳에서는 위로 수로가 지나가고 있었다.

때마침 구름 사이에서 달빛이 얼굴을 내밀어서, 골짜기 한쪽 끝에 온통 이끼로 덮여 있는 성벽이 드러나 보였다. 오스트리아눔에 다 온 것이다.

비니키우스와 두 사람은 사방이 벽으로 둘러싸인, 상당히 넓은 공터로 걸음을 옮겼다. 군데군데 비석이 서 있었고, 그 한가운데에는 지하 묘지의 입구가 보였다.

공터에는 수많은 군중이 모여들었다. 시선이 닿는 데까지는 등불이 줄을 이루고 있었지만, 일단 이 곳에 닿으면 누구나 다 불을 껐다.

추위를 막기 위해서인지, 아니면 배신이 두려워서인지 모두들 후드를 푹 쓰고 있었으며, 얼굴을 내놓고 있는 자는 몇 명 되지 않았다.

그러나 갑자기 지하 묘지 바로 옆에 수북하게 쌓아 놓은 송진에 횃불로 불을 붙이자, 주위가 아까보다 훨씬 밝아졌다. 군중은 뭔가 불가사의한 느낌을 주는 찬미가를 부르기 시작했다.

그 때, 지하 묘지로부터 후드가 달린 외투를 입고 있지만 머리는 그대로 드러내 놓고 있는 한 노인이 나와 횃불 곁에 놓여 있는 돌 위에 올라섰다.

"바로 저 사람입니다. 그리스도의 수제자인 어부입니다."

킬로가 비니키우스 쪽으로 몸을 기울이며 속삭였다.

노인은 손을 들고 성호를 그어 모인 사람들을 축복했다. 사람들은 모두 무릎을 꿇었다. 비니키우스 일행도 남의 눈에 띌까 봐 함께 무릎을 꿇었다. 비니키우스는 자신이 받은 인상을 바로 정리할 수가 없었다. 그의 눈앞에 있는 인물은 아주 소박하면서도 비범해 보였는데, 그 비범함은 바로 소박함에서 나온 것이라고 생각되었기 때문이다.

베드로가 입을 열었다. 처음에는 어린이들을 훈계하고, 어떻게 살아가야 할 것인가를 가르쳐 주는 아버지처럼 이야기를 했다. 사치와 쾌락을 버려라, 가난과 순결과 진리를 사랑하라, 참을성 있게 부정과 박해를 견뎌 내라, 어른과 권위에 복종하라, 배신과 아첨과 비방을 삼가라, 그리고 끝으로 교우들끼리는 물론이요 이교도에게까지도 모범을 보여 주라는 것이었다.

군중들은 모두 그의 말에 취해 있는 듯이 보였다. 모두들 좀더 잘 들어 보려고, 그들에게는 더없이 소중한 그의 말을 한 마디라도 놓치지 않으려고 후드를 벗어 버렸다. 그들은 어떤 초자연적인 힘에 의해서 갈릴리로 옮겨져서, 그 곳의 숲이나 강변을 사도들과 함께 거닐고 있는 것만 같았다. 묘지는 갈릴리 호수로 바뀌었다. 호반의 아침 안개 속에 그리스도가 서 있었다. 요한이 쪽배 안에서 '주님이시다!' 하고 말하고, 베드로가 한시라도 바삐 존경하는 '주님'의 발 밑에 엎드리려고 물 속으로 뛰어들었던 그 때와 똑같았다.

베드로가 승천 때 '구세주'의 발 아래 구름이 일더니 사도들이 보는 앞에서 보이지 않게 되었다는 이야기를 시작하자, 사람들의 얼굴은 자기도 모르는 사이에 하늘로 향했다.

그들은 주를 눈으로 볼 수 있기를, 또는 주가 다시 하늘에서 강림하여, 늙은 사도가 자기로부터 위탁받은 양들을 다스리고 있는 것을 보고, 그 사도와 양들을 축복해 주기를 바라고 있는 것 같았다. 그 순간, 그들에게는 로마도 미친 황제도 신전도 신들도 이교도도 없고, 오직 그리스도뿐이었다. 그리스도가 땅과 바다와 하늘과 세계를 가득 채우고 있었던 것이다.

멀리 노멘타나 가도 근처에 흩어져 있는 집들에서 닭의 울음소리가 들려왔다. 바로 그 때, 킬로가 비니키우스의 소매를 잡아당기며 속삭였다.

"나리, 저기, 저 노인 곁에 우르수스가 서 있고, 그 옆에 아가씨가 서 있는 게 보입니다!"

비니키우스가 꿈에서 깨어난 듯이 퍼뜩 정신을 차리고 킬로가 가리키는 쪽을 돌아보니, 바로 거기에 리기아가 있었다.

비니키우스는 군중도 노인도 다 잊고 그녀만을 바라보았다. 불안과 상심과 고뇌에 찬 길고 긴 나날을 보낸 후, 드디어 그녀를 찾아 낸 것이다. 난생 처음 그는 기쁨이란 야수처럼 가슴에 덮쳐 와서 숨을 쉴 수 없을 만큼 가슴을 짓누르는 것이라는 것을 알게 되었다.

만일 킬로가, 비니키우스가 자기들을 위험 속으로 몰아넣을 무슨 짓을 저지르지나 않을까 걱정되어 그의 옷소매를 다시 잡아당기지 않았더라면, 그는 정신없이 그녀만을 바라보고 있었을 것이다. 그리스도 교도들은 그 동안에 기도를 하고 찬미가를 부르기 시작했다.

대사도는 장로들이 데려온 사람들에게 샘물로 세례를 주기 시작했다. 비니키우스에게는 영원히 날이 새지 않을 것처럼 생각되었다. 그는 한시바삐 리기아의 뒤를 밟아 그녀를 붙잡아 오고 싶었다.

이윽고 몇몇 신도들이 묘지를 떠나기 시작했다. 킬로가 속삭였다.

"나리, 문 옆에 서지요. 우리만 후드를 벗지 않아서, 모두들 우리를 쳐다보고 있습니다."

사실이 그랬다. 사도가 설교를 하는 동안, 군중들은 좀더 잘 들어 보려고 후드를 벗고 있었는데, 그들만 그렇게 하지 않았던 것이다. 따라서 킬로의 권유는 현명한 것이었다. 문가에 서 있으면 나오는 사람들을 하나하나 살필 수 있었다. 특히 우르수스는 몸집이 크기 때문에 이내 알아볼 수 있을 것이다.

"뒤를 따라갑시다. 들어간 집을 확인해 둔 뒤에 내일, 아니 오늘 중으로 노예들에게 집을 완전 포위시켜 놓고 아가씨를 데리고 나오는 겁니다."

킬로가 말했다.

"그래 가지곤 안 돼."

비니키우스가 외쳤다.

"그럼 어떻게 하실 겁니까, 나리?"

"이렇게 하는 거요. 뒤를 밟아 가서 당장 데려오는 거요. 크로토, 자네가 그 일을 맡지 않았는가?"

"물론입니다, 나리. 만일 제가 아가씨를 호위하고 있는 물소 같은 사내의 허리를 부러뜨릴 수 없다면, 저는 나리의 노예가 되어도 좋습니다."

그러나 킬로는 그렇게 하지 말라고 간청했다. 크로토를 고용한 것은 자기네들의 정체가 탄로났을 때 지켜 주기 위해서였지, 여자를 약탈하기 위해서가 아니었다. 그것은 죽음의 위험을 무릅쓰는 일이었다. 더욱 곤란한 일은 리기아가 도망쳐 버릴지도 모르는 것이다.

무엇 때문에 자기들을 파멸의 구렁텅이로 몰아넣고, 계획 전체를 믿을 수 없는 운명의 손에 맡기려고 하는가?

비니키우스는 묘지에서 당장이라도 리기아를 붙잡고 싶은 마음을 간

신히 누르고 있긴 했지만, 킬로의 말이 옳다고 생각했다. 그래서 그의 충고에 귀를 기울일 생각이었으나, 때마침 보수에만 마음을 빼앗기고 있던 크로토가 말했다.

"나리, 이 늙은이의 입을 다물게 해 주십시오. 아니면 이자의 머리통을 주먹으로 치게 해 주시든지요. 언젠가 술에 취한 검투사 일곱 놈이 제게 싸움을 걸어 왔는데, 갈비뼈가 성해서 돌아간 자는 한 놈도 없었습니다. 굳이 아가씨를 저 무리 속에서 빼내 오겠다는 게 아니올시다. 그런 짓을 했다가는 돌팔매질을 당할지도 모르니까요. 그러나 아가씨께서 집에 들어서는 즉시, 거기서 납치하여 원하시는 곳으로 모셔다 드리겠습니다."

비니키우스는 이 말을 듣고 기뻐하며 말했다.

"그렇게 하지. 내일이면 집에 없을지도 모르니까. 저 패거리들을 놀라게 하면 틀림없이 여자를 딴 곳으로 빼돌릴 테니까 말이야."

"저 리기아 인은 굉장히 힘이 세겠는걸."

킬로가 신음하듯이 말했다.

"당신보고 저 녀석의 손목을 붙잡고 있으라곤 하지 않을 거요."

크로토가 대꾸했다.

그러나 그들은 잠시 기다리지 않으면 안 되었다. 닭이 새벽을 알리기 시작했을 때에야 그들은 리기아가 우르수스의 뒤를 따라 문에서 나오는 것을 보았다. 둘은 다른 몇 사람과 함께 걸어왔다. 그 중 한 사람이 대사도인 모양이라고 킬로는 생각했다. 그 옆에 유난히 키가 작은 노인 한 명, 나이가 지긋한 여자 두 명, 그리고 등불로 길을 밝히는 한 소년이 걷고 있었다. 그들 뒤로 2백 명쯤 되는 군중이 따라나오고 있었다. 비니키우스와 킬로와 크로토는 그 군중들 사이에 끼어들었다.

공터를 지나자, 그리스도 교도들은 흩어지기 시작했다. 남의 눈에 띠지 않으려면 지금보다도 좀더 뚝 떨어져서, 더욱 조심스럽게 뒤를 밟을 필요가 있었다.

티베리스 강 건너편까지 가는 데에는 시간이 많이 걸렸다. 해가 솟아올랐을 때, 리기아가 끼여 있던 무리는 둘로 갈라졌다. 사도와 나이든 여자와 소년은 강물을 따라 상류 쪽으로 올라갔고, 키가 작은 노인과 우르수스와 리기아는 좁은 길로 접어들어 곧장 가더니 아래층에 가게가 둘 있는 집 현관으로 들어갔다.

킬로는 비니키우스와 크로토의 뒤에 50걸음쯤 떨어져서 따라가고 있었는데, 별안간 못 박힌 듯이 우뚝 멈춰 서서 벽에 찰싹 몸을 붙이고 앞서 가고 있는 두 사람에게 돌아오라고 낮은 소리로 불렀다.

"나리, 이 계획을 중지해 주십시오. 제발 제 말씀을 들어 주십시오."

그러나 그는 갑자기 입을 다물어 버렸다. 비니키우스의 얼굴이 흥분으로 창백했고, 눈은 늑대의 눈처럼 번쩍번쩍 빛나고 있었기 때문이다.

킬로는 그 얼굴을 한번 힐끗 쳐다보고 나서는 이 세상의 그 무엇으로도 비니키우스의 이 계획을 중지시킬 수는 없다고 생각했다. 크로토는 헤라클레스 같은 가슴으로 깊이 숨을 들이마시며, 마치 우리에 갇힌 곰처럼 미련한 얼굴을 좌우로 흔들고 있었다. 그 얼굴에는 불안의 그림자라고는 보이지 않았다.

"제가 먼저 들어가겠습니다."

그가 말했다.

"아니야, 내 뒤를 따라와!"

비니키우스는 명령하는 투로 말했다.

이윽고 두 사람은 캄캄한 입구로 사라졌다. 킬로는 제일 가까운 길모퉁이에 있는 집까지 뛰어가서, 그 집 그늘에 숨어 얼굴을 내밀고 어찌되어 가나 살피고 있었다.

용 서

비니키우스와 크로토는 복도같이 기다란 입구의 통로를 지나, 사방이 건물에 둘러싸인 비좁은 안뜰로 나왔다. 이 곳은 이를테면 이 집 전체의 공동 아트리움 같은 곳으로 한가운데에 분수가 있고, 그 물은 땅바닥에 붙박아 놓은 돌수반으로 떨어지고 있었다.

사방의 벽의 바깥쪽에는 일부는 돌, 일부는 나무로 만들어져 있는 층계가 몇 개 붙어 있어서 각 층의 베란다로 통했으며, 그 베란다에서 각 방으로 들어가게 되어 있었다.

이른 시각이라 안뜰에는 인적이 없었다. 오스트리아눔에서 돌아온 사람들 이외에는 모두 잠자고 있음에 틀림없었다.

"어떻게 할까요, 나리?"

크로토가 걸음을 멈추고 물었다.

"여기서 기다리지. 누가 나올지도 모르니까. 안뜰에서 누가 보면 안 돼."

비니키우스가 대답했다.

비니키우스가 아무래도 노예들을 데리고 오는 게 낫지 않을까 생각하고 있는데, 안에서 한 사내가 그릇을 들고 나와서 분수가로 갔다.

비니키우스는 한눈에 그가 우르수스라는 것을 알아보았다.

"저게 리기아 인이야!"

비니키우스가 속삭였다.

"당장 뼈를 분질러 놓겠습니다."

"잠깐!"

두 사람은 입구 쪽의 어두운 구석에 있었으므로, 우르수스는 눈치채지 못하고 조용히 야채를 물에 씻기 시작했다. 묘지에서 밤을 꼬박 지

새웠기 때문에, 그 야채로 아침 식사를 준비할 모양이었다.

이윽고 야채 씻기가 끝나자, 그는 그릇을 들고 안으로 향했다. 비니키우스와 크로토는 그 뒤를 따랐다.

우르수스는 안으로 들어가려다가 뒤를 돌아보았다. 두 사람의 모습을 본 그는 야채 그릇을 내려놓고 물었다.

"누구를 찾고 계십니까?"

"바로 너야! 크로토, 없애 버려!"

크로토는 사자처럼 돌진하여, 우르수스가 정신을 차릴 틈을 주지 않고 달려들었다.

비니키우스는 크로토의 엄청난 힘을 믿고 있었으므로, 격투가 끝나기를 기다리지도 않고 안으로 들어갔다. 어두컴컴한 방 안 난로 곁에 리기아가 웬 노인과 함께 앉아 있었다.

비니키우스는 리기아가 미처 자기라는 것을 알아보기도 전에 그 허리를 껴안고 문가로 나왔다. 노인이 막으려고 했으나, 비니키우스는 그를 한 손으로 밀쳐 버렸다.

그 순간, 비니키우스의 머리에서 후드가 벗겨졌다. 자기가 잘 아는, 하지만 지금으로서는 무섭기만 한 그의 얼굴을 보고 리기아는 공포로 피가 얼어붙고 목소리까지 꽉 막혀 버렸다. 문설주를 붙잡고 버텨 보려고 했으나, 보람도 없이 손가락이 미끄러져 돌바닥 위에 끌렸다.

뜰에서는 우르수스가 한 사내를 두 팔에 안아 들고 있었다. 그 사내는 뒤로 머리를 늘어뜨린 채 입에서 피를 흘리고 있었다.

우르수스는 두 사람을 보더니, 크로토를 내려놓고 비니키우스에게 확 덤벼들었다.

비니키우스는 '이제 죽었구나!' 하고 생각했다.

이윽고 그는 "죽이지 말아요!" 하고 리기아가 외치는 것을 어렴풋이 들으며 정신을 잃었다.

골목길 모퉁이의 집 그늘에 숨어 있던 킬로의 머리카락이 일제히 곤두섰다. 통로 입구에 축 늘어진 크로토의 시체를 어깨에 멘 우르수스가 모습을 나타냈던 것이다.

'들키면 끝장이다!'

킬로는 재빨리 몸을 숨겼다.

이윽고 우르수스가 빠른 걸음으로 그의 앞을 지나쳐 이웃 건물 뒤쪽으로 사라졌다. 킬로는 그 때를 놓치지 않고 옆골목으로 빠져 달리기 시작했다.

'만약에 저놈이 돌아오다가 나를 보면, 붙잡아 죽일 거야. 오, 제우스여, 도와주소서. 아폴론이여, 헤르메스여! 도와주소서. 그리스도교의 하느님! 저는 로마를 떠나겠습니다. 그러니 제발 저 악마의 손에서 저를 지켜 주소서.'

그리스 인은 마음 속으로 중얼거렸다.

골목을 몇 개씩 지나서 멀리에서 이쪽으로 오고 있는 몇 사람의 일꾼들을 보고서야 그는 겨우 침착해지기 시작했다. 숨이 가빠서 그는 어느집 문간에 앉아서 망토 자락으로 이마의 땀을 씻었다.

"나는 늙어서 이제 좀 쉴 필요가 있단 말이야."

그는 중얼거렸다.

그런 중에도 돈주머니를 두 개나 가지고 있다는 사실이 그에게는 위안이 되었다. 하나는 비니키우스가 저택에서 그에게 준 것, 다른 하나는 묘지에서 돌아올 때 준 것이었다. 이런 좋은 형편을 생각하고 또 자기가 겪어 온 숱한 고통을 생각하니, 그는 오늘만큼은 여느 때보다 배불리 먹고, 여느 때보다 좋은 포도주를 마셔야겠다고 생각했다.

이윽고 술집이 문을 여는 시간이 되자, 그는 어찌나 열심히 먹고 마셨는지 목욕하는 것도 잊고 말았다. 졸려서 비틀거리며 수부라에 있는 자기 집으로 돌아와 보니, 비니키우스에게서 받은 돈으로 사들인 여자 노예가 기다리고 있었다.

여우굴처럼 캄캄한 침실에 들어가, 그는 침대에 몸을 던지자마자 이내 잠에 곯아떨어졌다.

그는 저녁때가 다 되어서야 겨우 잠에서 깨어났다. 아니, 노예에 의해서 깨워졌다. 급한 용무로 만나자는 전갈을 가지고 누가 찾아왔다면서 그를 깨운 것이다.

킬로는 퍼뜩 정신을 차리고 재빨리 후드가 달린 망토를 걸친 다음, 노예를 밀어 내고 조심스럽게 밖을 살폈다. 그 순간, 간담이 서늘해졌다. 침실의 입구에 거대한 우르수스의 모습이 보였기 때문이다.

킬로는 팔다리와 머리가 얼음처럼 차가워지고, 심장의 고동이 멈추고, 수천 마리의 개미가 등에서 스멀스멀 기어다니는 듯한 느낌이 들었다. 한동안 입이 떨어지지 않았으나, 마침내 이를 딱딱 마주치며 말했다.

"시라! 난 집에 없어. 난 몰라, 저런 사람……."

그러나 우르수스는 기다리는 것이 지루하다는 듯 침실 바로 문 앞에 와서, 몸을 숙여 안으로 고개를 쑥 들이밀었다.

"킬로 킬로데니스!"

"당신에게 평화가 있기를 ! 평화! 평화! 그리스도 교도들 중에서도 가장 독실한 당신에게! 그렇소, 내가 킬로요. 하지만 뭔가 잘못됐나 본데요……. 나는 당신을 모릅니다."

킬로가 말했다.

"킬로 킬로데니스, 비니키우스 님이 부르시오. 당신을 데리고 오라고 하셨소."
우르수스가 말했다.

비니키우스는 심한 통증 때문에 눈을 떴다. 처음에는 자기가 어디 있는지, 어떻게 되었는지 통 알 수가 없었다. 그러나 차츰 의식이 돌아와, 마침내 자신을 근심스럽게 내려다보고 있는 세 남자가 보였다.

둘은 아는 얼굴이었다. 한 사람은 우르수스이고, 또 한 사람은 리기아를 데리고 나오려고 할 때 붙잡던 노인이었다.

그러나 나머지 하나는 전혀 모르는 얼굴이었는데, 그가 비니키우스의 왼손을 잡고 팔꿈치에서 어깨뼈로 해서 쇄골까지 문질러 주고 있었다. 그것이 어찌나 아팠던지, 비니키우스는 자기에게 뭔가 앙갚음을 하고 있나 보다 하고 생각했다.

"어서 죽여라!"
비니키우스는 이를 악물며 외쳤다.

그러나 세 사람은 반응이 없었다. 그들은 그의 말을 아예 듣지 못했든가, 들었다고 해도 그것을 고통에 못 이겨 지르는 헛소리라고 생각하는 모양이었다.

우르수스는 야만인 같은 얼굴에 근심스러운 빛을 띠고 하얀 붕대 뭉치를 들고 있었다.

노인이 비니키우스의 팔을 잡고 있는 사람에게 물었다.

"글라우쿠스, 머리의 상처가 치명상은 아닌가요?"

"그렇습니다, 크리스푸스. 이 사람은 넘어질 때 머리를 다치지 않으려고 손으로 땅을 짚었습니다. 그래서 팔을 조금 삐었을 뿐입니다."
글라우쿠스라고 불린 사람이 설명했다.

"당신은 지금까지 많은 형제를 치료해 주셨습니다. 그뿐입니까, 용한 의사로 소문이 나 있지요……. 그래서 내가 우르수스를 보냈지요."

크리스푸스가 말했다.

"그런데 이리 오면서 우르수스가 바로 어제 나를 죽이려고 했었다는 말을 하더군요."

"그렇소. 그가 당신보다도 내게 먼저 고백했었소. 나는 당신의 인품이나 그리스도를 사랑하는 마음을 잘 알고 있기 때문에, 배신자는 당신이 아니라 살인하라고 부추긴 그 노인이라고 타일렀지요."

"그 영감이 악마였는데, 저는 천사라고 잘못 생각했죠."

우르수스가 한숨을 쉬며 말했다.

리기아가 주둥이가 넓은 물병을 들고 침대 바로 곁에 서 있었다.

"리기아!"

그 소리에 리기아가 들고 있는 물병이 흔들렸다. 그녀는 슬픈 눈으로 비니키우스를 내려다보며 낮은 소리로 말했다.

"당신에게 평화가 있기를……."

그리고 그대로 선 채 동정과 슬픔이 가득한 얼굴로 두 손을 내밀었다. 비니키우스는 그녀의 모습을 자신의 눈에 가득 채우려는 듯이, 그리고 눈을 감아도 그 모습이 선히 떠오르게, 깊이 눈 속에 새겨 두려는 듯이 그녀를 응시했다. 너무 오래 쳐다보았기 때문에 눈처럼 새하얀 그녀의 이마가 장밋빛으로 물들었다.

"리기아, 당신이 나를 죽이지 말라고 말렸지요?"

비니키우스가 물었다.

"하느님께서 당신의 건강을 회복시켜 주시기를 기도하겠어요."

리기아가 상냥한 목소리로 대답했다.

그러는 동안, 글라우쿠스는 비니키우스의 상처를 깨끗이 소독하고 약을 발라 주었다. 우르수스는 리기아가 건네주는 물을 받아 비니키우스에게 먹여 주었다.

리기아가 빈 잔을 들고 다른 방으로 사라지자, 이번에는 크리스푸스가 글라우쿠스와 몇 마디 말을 나누더니 침대 곁으로 와서 말했다,

"비니키우스, 하느님께서는 당신이 나쁜 짓을 저지르는 것을 허락하지 않았습니다. 당신을 회개시키기 위하여 목숨만은 살려 준 것입니다. 우리가 믿는 그리스도께서는 원수도 사랑하라고 하셨습니다. 우리는 당신의 상처를 치료하고, 리기아가 말한 대로 당신이 건강을 회복하도록 기도하겠습니다. 하지만 그 이상 돌봐 드리지는 못합니다. 이제 우리는 떠날 테니까, 혼자서 곰곰이 생각해 보십시오. 당신 때문에 보호자와 집을 잃은 리기아, 당신에게 악을 선으로 갚고 있는 우리를 계속 박해하는 것이 과연 옳은 일인지 말입니다."

"당신들은 나를 이대로 두고 떠나겠다는 말이오?"

비니키우스가 물었다.

"우리는 이 집을 떠나려고 합니다. 여기 있다가는 추적을 당할 염려가 있으니까요. 당신의 경호원은 살해되고, 귀족 중에서도 특히 유력한 당신은 상처를 입고 누워 있습니다. 이렇게 된 것이 우리 탓은 아니지만, 법의 노여움이 우리에게 미칠 것은 의심할 여지가 없습니다."

"내가 당신들을 지켜 줄 테니 걱정 마십시오."

비니키우스가 말했다.

그러나 크리스푸스가 두려워하는 것은 총독이나 관헌들뿐만 아니라, 비니키우스도 그 중에 포함되어 있었다.

"비니키우스, 당신의 오른손은 아무렇지도 않습니다. 당신의 노예들에게 편지를 쓰십시오. 오늘 밤에 가마를 가지고 와서 당신을 댁으로 모시고 가라고 말입니다. 이런 누추한 곳보다는 댁에 계시는 게 훨씬

편하실 테니까요. 우리는 우리대로 달리 숨어 있을 곳을 찾아 나서겠습니다.”

비니키우스는 모두들 자신과 리기아를 떼어 놓으려 하고 있다는 것을 깨달았다.

‘이번에 리기아를 잃게 된다면, 앞으로 영원히 못 만나게 될지도 모른다.’

비니키우스는 무슨 수를 쓰든 리기아를 빼앗기지 말아야 한다고 생각했다.

잠시 후, 비니키우스는 생각을 정리하여 말했다.

“내 말을 좀 들어 주십시오. 나는 당신들의 행동을 보고 당신들이 정직하고 선량한 분들이라는 것을 알았습니다. 제발 떠나지 말고 나와 함께 여기 머물러 주시오. 오늘 나를 다른 곳으로 옮겨도 좋은지, 나를 치료하신 분께 묻고 싶습니다. 팔이 접질렸기 때문에 적어도 며칠 동안은 안정이 필요할 겁니다. 그래서 분명히 말씀드립니다만, 폭력으로 끌어 내지 않는 한 나는 절대로 이 곳을 떠나지 않겠습니다.”

“아무도 당신에게 폭력을 쓸 사람은 없습니다. 다만 이 곳을 떠나 안전한 곳으로 옮기려는 것뿐입니다.”

크리스푸스가 말했다.

“제 말을 좀 들어 주십시오. 영감님은 친절하고 정직한 분 같은데, 마음속에 있는 말씀은 안 하시는군요. 당신은 내가 노예들을 불러다가 리기아를 몰래 납치해 가지나 않을까 걱정이 되나 봅니다. 그렇잖습니까?”

“맞습니다!”

크리스푸스는 다소 엄하게 말했다.

비니키우스는 숨을 몰아쉬며 열띤 목소리로 말을 계속했다.

"우르수스가 죽인 사람을 찾는 자는 아무도 없을 겁니다. 크로토는 오늘 베네벤툼에 가기로 되어 있었습니다. 그러니까 누구나 크로토는 베네벤툼에 간 것으로 알고 있을 겁니다. 다만 크로토가 여기 온 것을 아는 사람이 딱 한 명 있는데, 그는 우리를 이 곳으로 안내한 킬로입니다. 그가 있는 곳을 알려 줄 테니, 지금 곧 이리로 데려오십시오. 당신들 앞에서 킬로에게 절대로 입 밖에 내지 못하도록 명령하겠습니다. 그리고 집에는, 당신들이 보는 앞에서 베네벤툼으로 출발했다는 편지를 쓰겠습니다."

비니키우스의 얼굴은 흥분과 노여움으로 일그러졌다.

"내가 여기 있고 싶은 이유는 딱 하나입니다. 바로 리기아 옆에 있고 싶어서입니다. 당신들도 그런 나의 마음을 알고 있을 겁니다. 만일 리기아가 여기를 떠난다면, 나는 이 손의 붕대를 풀어 버리고, 먹지도 마시지도 않겠습니다. 그러면 나는 당신들이 죽인 것이나 마찬가지가 될 겁니다. 당신들은 왜 나를 간호하는 겁니까? 어째서 나를 죽이지 말라고 했습니까?"

비니키우스는 몸이 약해진데다가 화를 터뜨려서 얼굴이 창백해졌다.

"크리스푸스, 그리스도께서 이분의 상처를 낫게 해 주실 때까지 함께 지내기로 해요."

리기아가 크리스푸스에게 부탁했다.

"그렇게 합시다."

크리스푸스는 고개를 끄덕였다.

비니키우스의 눈은 리기아와 함께 있을 수 있다는 기쁨으로 빛나고 있었다.

크리스푸스는 비니키우스의 부탁대로 킬로를 데려오기로 했다.

망토를 입고 나선 우르수스는 곧 킬로의 집을 찾았다.

그러나 그는 킬로의 얼굴을 알아보지 못했다. 한 번밖에 본 적이 없었고, 그것도 밤이었기 때문이다. 게다가 글라우쿠스를 죽일 것을 부추기던 그 오만하고 자신만만하던 늙은이와 두려운 나머지 굽실거리고 있는 그리스 인과는 조금도 닮은 데가 없었으므로, 그 둘이 같은 인물이라고는 짐작도 못했다.

킬로 쪽에서도 우르수스가 자기를 전혀 모르는 사람처럼 대하자 안도의 숨을 내쉬었다.

킬로는 완전히 기분이 풀렸다. 그래서 엄격한 재판관과 같은 말투로 우르수스에게 물었다.

"당신네들은 크로토를 어떻게 했소? 말해 봐요, 속이지 말고."

우르수스는 한숨을 내쉬었다.

"그건 비니키우스 님이 말씀하실 겁니다."

"그러니까 당신이 그 사내를 칼로 찔러 죽였거나 아니면 몽둥이로 쳐 죽였단 말이오?"

"나는 무기를 지니고 있지 않았습니다."

이윽고 두 사람은 비니키우스가 기다리고 있는 집으로 갔다.

킬로는 방 한구석에 있는 침대와 그 위에 누워 있는 비니키우스를 보자, 다른 사람에게는 눈길도 주지 않고 곧바로 그에게 갔다.

"오, 나리, 왜 제 말을 듣지 않으셨습니까?"

그는 두 손을 깍지 끼듯 움켜쥐며 외쳤다.

"잠자코 내 말을 들어 보시오."

비니키우스가 말했다.

그는 킬로의 눈을 응시하며 천천히, 그러나 힘주어 말을 이었다.

"내가 편지를 써 줄 테니, 그걸 가지고 집으로 돌아가 해방 노예인 데마스에게 건네주시오. 편지엔 내가 베네벤툼으로 가겠다고 쓸 텐데,

페트로니우스에게서 급한 연락이 와서 아침에 출발했노라고 전하시오."

그런데 바로 그 때, 머리에 쓴 후드가 벗겨져 불빛에 킬로의 얼굴이 환하게 드러났다.

그러자 글라우쿠스가 의자에서 일어나더니, 재빨리 킬로 옆으로 다가가 버티고 섰다.

"케파스, 나를 알아보겠나?"

그 목소리에는 무엇인가 무서운 느낌이 어려 있었으므로, 방 안에 있던 사람들은 모두 소름이 오싹 끼쳤다.

킬로는 등잔불을 들어올리려다가 바닥에 떨어뜨리고 말았다.

이윽고 그는 몸을 둘로 꺾다시피 허리를 굽히고는 신음하듯이 말했다.

"그건 제가 그런 게 아닙니다……. 부디 자비를 베푸십시오!"

"나와 내 가족을 강도에게 팔아넘긴 자가 바로 이 늙은이오!"

글라우쿠스가 사람들을 둘러보며 말했다.

글라우쿠스에 관한 이야기는 모든 그리스도 교도가 알고 있었고, 비니키우스도 들은 적이 있었다. 다만 비니키우스는 붕대를 감을 때, 고통스러운 나머지 정신을 잃어 그 이름을 듣지 못했으므로 그 글라우쿠스가 이 사람인 줄 모르고 있었을 뿐이었다.

그러나 우르수스에게 있어서는, 글라우쿠스의 말을 듣자 마치 번갯불처럼 무엇인가 머리를 스쳐 지나가는 것이 있었다.

우르수스는 그가 바로 킬로란 사실을 알게 되자, 와락 덤벼들어 그의 양팔을 뒤로 비틀며 소리쳤다.

"나를 충동질하여 글라우쿠스를 살해하라고 꾄 자가 바로 이자입니다!"

"살려 주십시오……. 뭐든 원하는 대로 드리겠습니다."

킬로는 신음하며 비니키우스 쪽을 돌아보았다.

"도와주십시오! 나리만 믿겠습니다. 나리! 나리……."

그의 목소리는 아픔 때문에 목이 메는 듯 점점 가냘퍼졌다.

글라우쿠스는 오랫동안 양손으로 얼굴을 가린 채 서 있다가, 이윽고 손을 내리며 말했다.

"케파스, 내가 그리스도의 이름으로 그대를 용서하듯이, 하느님께서도 그대의 죄를 사해 주실 것이오."

그러자 우르수스도 그리스 인의 팔을 놓았다.

"내가 당신을 용서하듯이, 그리스도께서도 그대에게 은총을 베풀 것이오."

킬로는 바닥에 쓰러졌다. 그리고 두 손으로 몸을 버티고 함정에 빠진 짐승처럼 머리를 내저으며, 죽음의 신이 어느 쪽에서 덤벼드는 것일까 하고 사방을 둘러보았다.

그는 아직도 자기의 눈과 귀를 믿을 수가 없었고, 감히 용서를 받는다는 것은 생각조차 할 수가 없었다. 새파랗게 질린 그의 입술은 공포에 떨리고 있었다.

"편히 돌아가시오."

글라우쿠스가 말했다.

비니키우스가 내민 편지를 받아들더니, 킬로는 벽에 딱 붙어 살금살금 걸어서 문 밖으로 나갔다.

마당으로 나오자 주위는 어두웠다. 킬로는 우르수스가 뒤쫓아와서 자기를 죽일 것 같아서 또다시 머리끝이 쭈뼛했다.

있는 힘을 다해 도망치려고 했으나 다리가 말을 듣지 않았다. 다리에 힘이 다 빠진 것이다. 그러자 과연 우르수스가 갑자기 나타나 앞을 가

로막았다.

킬로는 땅바닥에 엎드려 울부짖기 시작했다.

"우르바누스……. 그리스도의 이름으로 맹세……."

그러나 우르수스는 이렇게 말했다.

"염려 마세요. 사도님께서 어둠 속에서 길을 잃으면 안 되니까 문 밖에까지 바래다 주라고 하셨습니다. 기운이 없으시면 댁까지 모셔다 드리겠습니다."

킬로는 얼굴을 들었다.

"무슨 말씀을! 뭐라고요? 날 죽이지 않겠다는 거요?"

"설마 죽일 리가 있나요. 아까 당신의 팔을 너무 심하게 비틀어서 아프실 겁니다. 용서하십시오."

"나 좀 일으켜 주시오. 당신이 날 죽이지 않겠다는 거지요? 그렇죠? 그렇다면 한길까지 데려다 주시오. 거기서부터는 혼자 가겠소."

킬로가 말했다.

우르수스가 가 버리자, 그는 가슴 가득히 숨을 들이마셨다. 자기가 살아 있는지를 확인하려는 듯이 그는 허리께를 만져 보았다. 이윽고 그는 걸음을 재촉했다.

그는 얼마쯤 가다가 멈춰 서서 중얼거렸다.

"그런데 그들은 왜 나를 죽이지 않았을까?"

멈출 수 없는 사랑

비니키우스 역시 이 뜻밖의 사태가 도무지 납득이 되질 않았다. 그리고 마음속으로는 킬로와 마찬가지로 놀람을 금치 못했다. 이 사람들이 자기에 대하여 베푼 그와 같은 친절, 자기가 한 일에 대하여 복수하기는커녕 오히려 친절하게 간호까지 해 준 것은, 오직 그들이 믿고 받드는 가르침 때문이요 리기아 덕택이었지만, 어느 정도는 자기의 높은 신분 탓일 거라고 그는 생각했다.

그러나 킬로에 대한 그들의 태도는 이해가 되질 않았다. 자신의 상식으로는, 그리스도 교도들은 킬로를 죽였어야 마땅했던 것이다.

그 때 베드로가 글라우쿠스 곁으로 가서 그의 머리 위에 손을 얹고 말했다.

"그리스도께서는 그대 마음속에서 승리하신 거요."

그러자 글라우쿠스는 신뢰와 환희에 넘친 눈으로 위를 쳐다보았다. 복수를 이루었을 때의 기쁨밖엔 알지 못했던 비니키우스는 열 때문에 번쩍이는 눈을 크게 뜨고 그를 바라보았다.

그 때 우르수스가 돌아와서, 킬로를 한길까지 바래다 주었으며, 만일 자기가 그의 팔을 아프게 했다면 용서해 달라는 말을 했다고 보고하자, 베드로는 우르수스에게도 축복을 내렸으며, 또한 크리스푸스는 오늘이 큰 승리의 날이라고 말했다.

리기아가 비니키우스에게 청량제를 마시게 해 주었다.

"당신도 나를 용서한 겁니까?"

비니키우스가 리기아의 손을 잡고 물었다.

"우리는 그리스도 교도이므로, 가슴속에 노여움을 품는다는 것은 있을 수 없는 일이에요."

"리기아, 당신의 신이 누구든, 오직 당신의 신이라는 이유만으로 황소 100마리를 바치겠소."

"그 하느님을 사랑하고 있다면 마음속으로 받들어 주세요."

리기아가 말했다.

"오직 당신의 신이라는 이유만으로……"

비니키우스는 아까보다 작은 목소리로 되풀이했다.

이윽고 그는 눈을 지그시 감았다. 다시 몸이 착 가라앉는 듯했기 때문이다.

그날 밤, 비니키우스는 몹시 열이 올라 제대로 잠을 이루지 못했다. 다른 사람들은 모두 잠자리에 들었는데, 리기아는 혼자서 밤새도록 비니키우스를 간호했다.

이튿날 아침 비니키우스가 눈을 떠 보니, 여전히 기운은 없었으나 열은 내린 것 같았다. 리기아는 곁에 없고, 우르수스만이 난로 앞에서 몸을 구부린 채 불씨를 찾고 있었다.

불을 피운 우르수스는 냄비에 죽을 끓였다.

죽이 다 끓자, 우르수스는 접시에 죽을 담아 적당히 식히면서 말했다. "글라우쿠스는 다치지 않은 한쪽 손도 될 수 있는 한 움직이지 말라고 하셨습니다. 그래서 리기아 아가씨는 제게 나리께 죽을 먹여 드리라고 하셨습니다."

그러나 죽을 떠먹이는 우르수스의 행동은 매우 서툴렀다.

"제기랄, 들소를 굴 속에서 끌어 내는 편이 훨씬 낫겠군……."

우르수스가 몹시 난처해하며 투덜거렸다.

그 때, 리기아가 안으로 들어왔다.

"내가 하겠어요."

리기아는 우르수스로부터 접시를 받아들고, 침대 옆에 걸터앉아 비니키우스에게 죽을 떠먹였다. 비니키우스는 행복한 기분을 맛보았다.

잠시 후, 비니키우스는 그만 먹겠다고 하면서 리기아에게 곁에 있어 달라고 부탁했다.

"당신은 정말 행복해 보이는군요, 리기아. 비록 이렇게 좁은 방에서 여러 사람들 틈에 끼여 가난하게 살지만, 마음속에 그리스도에 대한 깊은 믿음을 지니고 있으니 말이오. 하지만 나에게는 오직 당신뿐이라오. 당신은 나에게 있어서 이 세상 어떤 것과도 바꿀 수 없는 거룩하고 소중한 존재요."

그러면서 비니키우스는 한 손으로 창백한 이마를 짚었다.

리기아는 비니키우스의 진심 어린 말에 자기도 모르게 마음이 끌렸다. 비니키우스의 사랑이 폭풍처럼 휘몰아치고 있음을 느꼈다.

어느 날, 리기아가 비니키우스 곁에 앉아서 그리스도의 가르침 이외에는 생명이 없다고 말했다. 그러자 제법 체력이 회복된 비니키우스는 성한 쪽의 팔을 짚고 몸을 일으켜 세우더니, 느닷없이 그녀의 무릎에 머리를 얹고 말했다.

"당신은 나의 생명이오!"

리기아는 숨이 막히는 것 같았다. 머리가 화끈 달아오르며 발끝에서 머리끝까지 기쁨으로 떨려 왔다.

두 사람은 자기 자신과 싸우고, 두 사람을 결합시키려는 사랑의 힘과 싸우고 있었다. 그러다가 리기아가 벌떡 일어나 밖으로 나왔다.

그날 밤, 리기아는 크리스푸스를 찾았다.

"크리스푸스, 저는 자신을 잃었습니다. 비니키우스의 사랑에 더 이상 이길 자신이 없습니다. 미리암의 집을 떠나게 해 주세요."

크리스푸스는 절망과 놀라움으로 온몸을 부르르 떨었다.

"당신의 마음속에 하느님에 대한 사랑이 아닌, 인간에 대한 애정이 가득 차 있었다니, 놀랍구려. 어서 가서 하느님께 용서를 비시오. 악마가 당신을 파멸로 떨어뜨리기 전에!"

그는 흥분하여 야단치듯 말했다.

그 때, 사도 베드로가 두 사람 곁으로 다가왔다.

베드로는 부드러운 표정으로 무슨 일이냐고 물었다.

크리스푸스가 리기아의 고백에 대한 이야기를 했다.

그러자 베드로는 주름잡힌 손을 리기아의 머리 위에 얹고, 늙은 장로를 쳐다보며 물었다.

"당신은 우리 주님께서 가나의 혼인 잔치에 참석하셔서 신부와 신랑의 사랑을 축복하셨던 일을 모르십니까?"

크리스푸스는 깜짝 놀라 상대의 얼굴을 바라보았다.

베드로가 다시 말했다.

"누가 보든 명백한 죄인인 막달라 마리아를 용서하신 주님께서, 들의 백합처럼 깨끗한 이 처녀를 외면하실 거라고 생각하십니까?"

그리고 베드로는 리기아의 눈물에 젖은 얼굴을 향해 말했다.

"당신이 사랑하는 사람을 위해 기도하십시오. 당신의 사랑에는 죄가 없어요. 괴로워하거나 슬퍼하지 말아요. 구세주의 자비는 결코 당신을 버리지 않을 것이오. 슬픔 뒤에는 반드시 기쁜 날이 찾아옵니다."

베드로는 또다시 그녀의 머리 위에 손을 얹고, 하늘을 쳐다보며 그녀를 축복했다.

크리스푸스도 잘못을 뉘우친 듯 겸손하게 용서를 빌었다.

"저는 주님의 자비에 어긋나는 죄를 지었습니다. 그러나 저는 이 사람이 지상의 사랑을 받아들여 그리스도를 부인한 걸로 알고……."

그가 말했다.

베드로는 대답했다.

"나는 세 번씩이나 주님을 부인했습니다. 그래도 주님께서는 나를 용서해 주시고, 당신의 어린양들을 인도하라고 말씀하셨습니다."

그러자 이제까지 잠자코 있던 타르수스의 바울이 손으로 자기 가슴을 가리키며 말했다.

"나는 그리스도의 종들을 박해하여 죽음으로 몰아넣은 사람입니다.

스데반이 돌에 맞아 죽었을 때는 죽인 자의 옷을 가지고 있었습니다. 나는 인간이 살고 있는 모든 땅에서 진리를 뿌리째 뽑으려고 생각한 것입니다. 더구나 주님께서는……. 그러한 제게, 온 세계에 그 진리를 전파하라고 명하셨습니다. 그래서 나는 유대나 그리스나 여러 섬, 그리고 내가 처음으로 죄인이 되었던 이 무신앙의 도시에서도 진리를 설교해 왔습니다. 그리고 지금도 나의 스승이신 이 베드로 님의 부름을 받아, 그 오만한 자의 머리를 그리스도의 발 밑에 숙이게 하고, 이 돌이 많은 토지에 씨앗을 뿌리기 위해 이 집으로 오게 된 것입니다. 그리스도께서는 많은 수확을 거두도록 이 땅을 기름지게 해 주실 것입니다."

이렇게 말하며 바울은 일어섰다.

비니키우스는 카리내에 있는 호화스러운 저택으로 돌아왔을 때, 아직 몸이 완쾌되지 않아 기운이 없었다. 그래서 처음 며칠 동안은 휴식과 자기를 둘러싸고 있는 쾌적함과 부유함 속에서 어떤 만족을 느끼기도 했다.

그러나 그 만족감은 오래 가지 않았다. 그는 자기의 생활이 공허하다는 것을 알게 되었고, 이제까지 자기가 흥미롭게 생각했던 것이 모조리 없어졌거나, 있는지 없는지 알 수 없을 정도로 조그맣게 되어 버린 느낌이었다.

게다가 그는 몹시 외로웠다. 가까운 사람들은 네로를 따라 모두 베네벤툼에 가 있었기 때문이다.

그런 비니키우스를 글라우쿠스가 이따금 찾아 주었다. 그와는 리기아에 대한 이야기를 할 수 있었으므로, 그가 찾아올 때마다 비니키우스는 가슴이 설레었다.

글라우쿠스는 리기아가 어디에 있는지 정확히는 알 수 없으나, 장로들이 소중하게 보호하고 있으니 염려 말라고 말했다.

어느 날, 글라우쿠스는 비니키우스의 리기아에 대한 사랑에 감동을 받았다. 그래서 크리스푸스가 리기아의 비니키우스에 대한 사랑을 나무라는 것을 사도 베드로가 오히려 꾸짖었다는 이야기를 들려주었다.

그 말을 듣고, 비니키우스는 흥분한 나머지 얼굴이 창백해졌다. 처음으로 남의 입을 통해서, 리기아의 자신에 대한 사랑을 확인할 수 있었기 때문이다.

비니키우스는 너무나 고마워 당장 베드로에게 달려가서 인사를 하고 싶었다. 그러나 베드로는 로마 시내에 있지 않고 근교에서 전도하고 있다는 말을 듣고, 교단의 가난한 사람들에게 선물을 하고 싶으니 자기를 그 곳으로 데려다 달라고 부탁했다.

"그렇다면 먼저 세례를 받으십시오. 우선 그리스도의 혼을 갖는 일이 중요합니다."

글라우쿠스가 말했다.

리기아가 자기를 사랑하고 있다면, 비니키우스는 언제라도 그리스도교를 받아들일 마음가짐이 되어 있었다.

그러나 글라우쿠스의 방문이 점점 뜸해지자, 비니키우스는 초조해지기 시작했다.

먼빛으로라도 리기아를 보고 싶어 이리저리 헤매고 다녔으나 소용이 없었다.

마침내 그는 리기아를 잊어버리고 적어도 리기아와는 관계가 없는 데서 기쁨과 즐거움을 찾아야겠다고 결심했다. 그래서 본디부터 지니고 있던 맹목적인 정력과 정열을 기울여, 자유롭고 편안한 생활의 소용돌이 속으로 몸을 던졌다.

하지만 그 후에 느낀 것은 양심의 가책뿐이었다. 마침내 그는 마음의 활달함과 자신감을 잃고 말았다. 무감각 상태에 빠져 황제가 돌아온다는 소문을 듣고서도 전혀 관심을 보이지 않았다.

어떤 일에도 흥미가 없었던 비니키우스는 페트로니우스가 가마를 보낼 때까지는 찾아가려고도 하지 않았다.

페트로니우스를 만나서도 처음에는 묻는 말에만 가까스로 대답했다. 그러나 오랫동안 억누르고 있던 감정이 일단 터지자, 자기의 머리나 가슴속에 떠오른 모든 것을 다 털어놓았다.

"리기아를 찾아야 합니다. 리기아 없이는 살 수가 없어요. 저는 지금 혼돈과 모순에 빠져서 평화를 잃고, 사리를 분별할 능력마저 잃어 가고 있어요."

"어쩌면 마술에 걸렸는지도 모르겠구나."

페트로니우스가 말했다.

"저도 그렇게 생각했습니다. 때때로 우리 두 사람이 마술에 걸린 것 같은 느낌이 들었습니다."

잠시 후, 페트로니우스는 에우니케를 불렀다.

새하얀 옷을 입은 금발의 에우니케가 들어왔다. 그녀는 노예가 아니라 사랑과 행복의 여신 같았다.

"어서 오너라, 에우니케!"

페트로니우스가 두 팔을 벌리며 말했다.

그러자 에우니케는 달려와서 그의 무릎에 앉아, 두 팔로 그의 목을 휘감고 머리를 그의 가슴에 기대었다.

"에우니케, 내 여신. 우리 머리 위에 얹을 화환과 식사 준비를 하도록 해."

페트로니우스가 말했다.

에우니케가 나가자, 페트로니우스는 비니키우스 쪽을 돌아보며 말했다.

"내가 에우니케를 해방시켜 주려고 했을 때 뭐라고 한 줄 아느냐? '저는 황후가 되는 것보다 당신의 노예로 있는 게 더 좋아요.' 하더구나. 그래서 나는 에우니케에게 알리지 않고 자유의 몸으로 만들어 주었다. 내가 죽은 뒤, 이 집과 내 보석 전부를 물려받게 된다는 것도 모르고 있다. 너도 에우니케 같은 착한 여자를 만났으면 좋겠구나. 분명히 너의 노예 가운데서도 에우니케처럼 너를 진심으로 사랑하는 여자가 있을 거야. 그런 것으로 네 상처를 치료해 보렴!"

"모든 것이 다 괴로울 뿐입니다. 제가 생각하는 여자와 외삼촌이 생각하는 여자는 다릅니다."

"도무지 네 기분을 이해할 수가 없구나."

"저 자신도 제 마음을 잘 모르겠습니다."

다시 침묵이 흘렀다. 얼마 후 페트로니우스가 말했다.

"리기아를 잊을 수는 있겠니?"

"잊을 수 있습니다."

"그럼 여행을 떠나라."

그 때, 노예들이 식사 준비가 되었다고 알려 왔다.

"우리들과 함께 키프로스에 가자. 그러나 그보다 먼저, 이건 잘 기억해 주기를 바라는데, 너는 황제를 만날 필요가 있다. 여태까지 만나뵙지 않은 건 잘못이다. 티겔리누스는 그것을 기회로 하여 네게 불리한 일을 꾀할지도 모른다. 너에게 개인적인 유감이 있는 건 아니지만, 내 조카라는 것만으로도 너를 좋게 여길 리가 없다. 네가 그 동안 몸이 불편했다고 하겠다. 황제가 네게 리기아에 대해 물으면 뭐라고 대답할 것인지 미리 생각해 두어라. 손을 내저으며 리기아가 싫증이 날 때까지 집에 가두어 두었다고 말하는 게 제일 좋을 것이다. 그래야 황제가 납득할 것이다. 그리고 너는 병으로 줄곧 누워 있었다고 말해야 한다."

"황제를 두려워하지 않고 황제 따위는 안중에도 없는 것처럼 태연하게 살고 있는 사람들이 있다는 것을 아시는지요?"

"네 말뜻은 알겠다. 그리스도 교도를 가리켜서 하는 말이겠지."

"그래요, 그런 사람들은 그들뿐입니다. 그러나 저희들의 생활은 공포의 연속이 아니고 뭐란 말입니까?"

"그리스도 얘기는 그만 해 두자. 그들이 황제를 두려워하지 않는 것은, 아마 황제가 그들의 소문조차 들은 바 없기 때문일 것이다. 어쨌든 황제는 그들에 대해서 아는 것이 하나도 없고, 조금도 흥미가 없지. 날더러 말하라면, 그들은 무능하단 말이다. 그건 너도 알고 있을 것이다. 네 성격이 그들의 가르침에 맞지 않는 것은, 네가 그들을 무능하다고 느끼고 있기 때문이야. 너는 그들과는 날 때부터 다른 인간이다. 그러니 그들에 대해선 잊어버리고, 내게도 그 이야기를 꺼내지 말아라. 우리는 삶과 죽음의 이치를 잘 알고 있다. 가령 그들이 그 이상 뭘 알고 있다 해도 그건 우리가 알 바 아니다."

이 말은 비니키우스에게 커다란 감명을 주었다. 그는 집으로 돌아와서 그리스도 교도가 친절하며 자비심이 많은 것은 정말 무능해서 그런지도 모른다고 생각했다. 강하고 굽힐 수 없는 인간이라면 그와 같이 남을 용서할 까닭이 없다는 생각이 들었다.

'우리는 삶과 죽음의 이치를 알고 있다.'고 페트로니우스는 말했다. 그렇다면 그들은 남을 용서할 줄만 알지 참된 사랑이나 참된 증오도 모르고 있는 것이다.

물 위의 향연

네로가 베스타 사원에 참배를 하러 갔다가 갑자기 쓰러졌다. 이 뜻밖의 사건으로 네로는 다시 로마를 떠나 여행하려던 계획을 취소했다.

티겔리누스는 그런 황제를 위해 큰 연회를 준비했다.

티겔리누스는 특별히 다른 신하들보다 네로의 총애를 받고 있었던 것은 아니지만, 차츰 네로에게 없어서는 안 될 인물이 되어 가고 있었다.

페트로니우스는 품위나 지성이나 기지에 있어서 티겔리누스와는 비교가 안 될 만큼 뛰어난데다가, 말솜씨에 있어서도 훨씬 황제를 즐겁게 해 줄 수 있는 재능이 있었다. 그러나 그는 그런 점에서 황제를 능가했기 때문에, 황제의 질투심을 일으키곤 했다.

게다가 그는 어떤 일에나 무조건 복종하는 성격이 아니었기 때문에, 황제는 풍류 같은 문제가 화제에 오르면 그의 의견을 두려워했다. 그런데 상대가 티겔리누스라면, 황제는 전혀 열등감을 느낄 필요가 없었다.

페트로니우스에게 주어진 '풍류를 아는 사람'이라는 별명은 네로의 자존심을 상하게 했다. 그런 별명으로 불릴 사람은 자기 이외엔 없다고 믿고 있었기 때문이다.

티겔리누스는 자기의 결점을 깨달을 수 있는 이성을 갖추고 있었다. 그는 페트로니우스, 루키누스, 그 밖의 가문과 재능과 학식이 뛰어난 사람들과 어깨를 나란히 할 수 없다는 것을 알고 있었다. 그래서 오직 복종과 봉사에 의해서, 특히 네로의 상상력을 뛰어넘는 호화판 연회 같은 것으로 다른 신하들을 누르려고 했다.

아그리파 호반에서 열린 이 연회에는 부와 지성, 혹은 미모로 로마에서 이름을 떨치고 있던 모든 사람들이 모여들었다. 로마 역사상 그 유례를 찾아보기 어려울 정도로 성대한 연회였다.

페트로니우스와 함께 비니키우스도 초대되었다.

티겔리누스는 금을 씌운 거창한 뗏목 위에서 잔치를 벌이기로 했다.

뗏목 가장자리에는 인도양과 홍해에서 따 온 멋진 조개 껍질로 장식을 했다.

호반은 야자수와 연꽃, 그리고 아름다운 장미꽃으로 뒤덮였다. 그리고 나무와 숲 속에는 향수를 뿌렸다. 호반의 숲 속에서는 감미로운 음악이 들려왔다.

네로는 황후 포피아와 가까운 신하들을 거느린 채 나와서 이 엄청난 무대를 보고 놀라움과 기쁨으로 어쩔 줄 몰라했다.

황제는 '물 위의 향연'이라는 이 새로운 취향이 마음에 들었다.

깊은 산의 눈으로 차게 한 포도주는 연회가 무르익음에 따라 손님들의 가슴과 머리를 훈훈하게 했다.

네로는 베스타의 여사제 루브리아와 나란히 앉아 있는 비니키우스에게 포피아 옆으로 다가와 앉으라고 했다.

그러자 포피아는 비니키우스에게 손을 뻗으며 팔찌가 느슨해졌으니 죄어 달라고 부탁했다.

비니키우스가 팔찌를 죄어 주는 순간, 포피아는 긴 속눈썹 밑으로 눈웃음을 던졌다.

해가 점점 붉어지면서 나무 숲 뒤로 천천히 기울고 있었다. 거의 모든 사람들이 술에 취해 있었다.

뗏목이 호숫가에 닿자, 네로와 신하들은 숲 속으로 사라져 제각기 밀회의 집으로, 또는 나무 사이에 있는 천막 안으로 들어갔다. 아무도 네로가 어느 집에 숨었는지 알지 못했다.

모두들 제정신을 잃고 있었다. 사티루스나 파우누스로 분장한 남자들은 소리를 지르며 님프로 분장한 처녀들의 뒤를 쫓기 시작했다.

비니키우스는 리기아가 참석했던 향연 때처럼 취하지는 않았으나, 주위에서 벌어지고 있는 광경을 보자 자기도 놀고 싶은 생각을 억누를 수가 없었다.

그는 뗏목에서 내려 숲 속으로 뛰어들어갔다. 이마에 초승달을 장식하고 디아나 여신으로 분장한 처녀를 보는 순간, 그는 심장이 멎는 듯했다. 그녀에게서 리기아의 모습을 본 듯했기 때문이다.

그 처녀는 마치 따라오라는 듯이 비니키우스에게 미소를 던지며 숲속으로 사라졌다. 비니키우스가 막 발을 떼려는 순간, 누군가 베일로 얼굴을 가린 사람이 앞을 가로막고 그의 어깨를 잡으며 속삭였다.

"즐거운 밤이에요……. 사랑의 밤이에요. 나를 따라오세요. 아무도 보지 않아요."

비니키우스는 베일을 쓴 여자를 밀어 내며 말했다.

"당신이 누구이든 나는 다른 여자를 사랑하고 있습니다. 나는 당신이 필요치 않아요."

"베일을 벗겨 줘요."

그 여자는 비니키우스를 향해 머리를 숙이며 말했다.

그 순간, 고맙게도 페트로니우스가 나타났다. 그러자 베일의 여자는 꿈 속에서처럼 사라져 갔다.

"여기서 나가요, 외삼촌."

비니키우스가 말했다.

두 사람은 함께 가마에 탔다. 가는 도중 둘은 입을 다물고 있었다.

비니키우스의 집 아트리움으로 들어서자, 페트로니우스가 비로소 말문을 열었다.

"그 여자가 누군지 아니?"

"누구죠?"

"황후였어."

잠시 침묵이 흘렀다.

"황제는 여사제 루브리아를 좋아하고 있단다. 그래서 황후는 복수를 하고 싶었는지도 모른다. 내가 방해한 것은, 네가 황후라는 것을 알면서도 거절한다면 큰 곤경에 빠질 것이기 때문이야. 너는 물론 리기아, 그리고 나까지도 말이야."

그러자 비니키우스가 버럭 소리를 질렀다.

"이젠 진절머리가 나요! 로마도, 네로 황제도, 연회도, 황후나 티겔리누스나 외삼촌까지도 모두요!"

"넌 머리가 이상해졌구나. 조심성도, 분별력도 없어졌으니……."

"제가 사랑하고 있는 사람은 이 세상에서 오직 리기아뿐이에요."

"그래서 어쩌겠다는 거냐?"

"그러니까 딴 여자의 사랑은 필요없다는 말입니다. 나는 이런 생활을 더 이상 원하지 않아요."

"왜 그러느냐? 그리스도 교도라도 됐단 말이냐?"

"아니, 아닙니다!"

비니키우스는 두 손으로 머리를 움켜쥐고 절망적으로 소리쳤다.

페트로니우스는 몹시 기분이 상해서 어깨를 움츠리고 집으로 돌아갔다. 비니키우스와 자기와는 서로 이해할 수 없다는 것, 두 사람의 마음이 아주 멀어졌다는 것을 이제야 깨달은 것이다.

그래서 그는 당분간 비니키우스를 지켜보면서, 여행을 떠나도록 권해 보기로 했다.

열흘이 넘게 궁리한 끝에 한 가지 생각이 떠올랐다. 즉, 황제에게 그리스도 교도를 로마에서 추방한다는 포고령을 내리도록 하면, 리기아는 다른 신자들과 함께 로마를 떠날 것이고, 비니키우스도 그녀를 쫓아갈 것이다. 그러면 둘은 거기서 마음껏 사랑하며 그리스도교를 믿으면 되는 것이다.

어느 날, 페트로니우스는 마침내 황제 자신으로부터 3일 후에는 안티움으로 출발하기로 했다는 말을 들었다. 그래서 다음 날 그 사실을 알리려고 비니키우스를 찾아갔다.

비니키우스는 네로와 안티움에 함께 가기로 결정된 여행자 명단을 보고 있었다.

"제 이름이 들어 있어요. 외삼촌의 이름도요."

비니키우스가 말했다.

"나는 궁전에 네가 큰 병에 걸려 꼼짝도 못하고 있다는 소문을 일부러 퍼뜨렸다. 그런데도 명단에 네 이름이 있는 것을 보면, 누군가 내 말을 곧이듣지 않았다는 증거다. 네 이름을 써 넣은 것은 네로 황제가 아니라, 분명히 포피아일 것이다."

"참으로 뻔뻔스러운 여자로군요."

"그 여자는 경우에 따라서는 자신의 멸망까지도 각오하고 있을 것이다. 아무튼 포피아는 너를 사모하고 있으니 조심해라. 황제는 포피아를 점점 멀리하고 있지만, 만약 그녀가 너를 좋아한다는 사실을 알면 잔인하게 복수할 것이다."

비니키우스는 다른 일을 생각하고 있는 얼굴로 듣고 있다가 마침내 이렇게 말했다.

"전 기어이 그 여자를 만나 봐야겠습니다."

"누구 말이냐? 리기아?"

"네."

"어디에 있는지 알고 있니?"

"모릅니다."

"그럼 또 옛 묘지나 강 건너에서 찾아보겠다는 말이냐?"

"저도 모르겠습니다. 하지만 꼭 만나고 싶습니다."

"그럼 서둘러라. 황제는 여행을 연기하지는 않을 테니까."

다음 날, 뜻밖에도 킬로가 비니키우스를 찾아왔다.

그는 거지처럼 초라한 몰골을 하고 있었다.

하인들은 킬로가 오면 밤낮을 가리지 말고 어느 때든지 들여보내라는 명령을 받고 있던 터라, 구태여 막으려고 하지 않았다. 그래서 그는 곧바로 아트리움으로 들어와 비니키우스 앞에 서서 이렇게 말했다.

"신들이 나리께 영생불멸을 베푸시기를 빕니다."

처음에 비니키우스는 이 늙은이를 뜰로 몰아 내라고 명령을 내리고 싶었으나, 이 그리스 인이 리기아에 관해 무엇인가 소식을 알고 있을지도 모른다는 생각이 문득 떠올랐다. 호기심이 혐오감을 물리쳤다.

"어쩐 일이오?"

"저는 비참한 꼴이 되었습니다. 나리께서 주신 돈을 강도에게 빼앗겼습니다."

"나를 찾아온 이유는?"

"저는 리기아 아가씨의 거처를 알고 있습니다. 집도 길도 가르쳐 드릴 수 있습니다."

비니키우스는 갑자기 솟구치는 흥분을 억누르고 물었다.

"어디 있소?"

"그리스도교 장로인 리누스의 집에 있습니다. 우르수스도 같이 있습니다만, 그 사내는 여전히 빵집으로, 나리님 댁의 해방 노예와 같은 이름인 데마스⋯⋯. 네, 그래요, 데마스네에 다니고 있습니다. 우르수스가 일을 나가는 것은 밤입니다. 그러니 밤이 되어 그 집을 포위하면 그 사내는 없을 겁니다. 리누스는 늙은이로⋯⋯. 그 밖에 더 늙은 할망구가 둘 있을 뿐입죠."

"그런 일은 어떻게 알게 되었소?"

"나리께서도 기억하시다시피 그리스도 교도들은 일단 저를 사로잡았습니다만, 나중에 용서해 주었습니다. 글라우쿠스는 자기의 불행의 원인이 저라고 오해하고 있습니다만, 어쨌든 그 사내는 가엾게도 그 전에도 그렇게 믿고 있었고, 지금도 그렇게 믿고 있습니다. 그런데도 그들은 용서해 준 겁니다. 그러므로 제가 이렇게 말씀을 드려도 나리께선 놀라지 않을 줄 압니다만, 제 마음은 감사함으로 가득 차 있습니다. 저는 친구나 은인을 저버려도 괜찮은지, 그들에 관해 안부도 묻지 않고 모른 체한다는 것은 배은망덕이 아닐까 하고 생각했습니다. 하긴 처음에는 그들이 저를 오해하지 않을까 불안해서 주저하고 있었습니다. 그러나 그들에 대한 저의 사랑이 불안보다 강했고, 게다가 그들이 모든 부정을 쉽사리 용서해 주리라고 생각하니 용기가 생겼습니다. 하지만 제가 무엇보다도 마음에 두고 있었던 것은 나리의 일이었습니다. 지난번의 우리 시도는 실패로 끝났습니다만, 운명의 아들이신 나리께서 실패했다고 단념할 수야 있겠습니까? 그래서 저는 나리가 성공할 수 있는 방법을 생각해 보았습니다. 그 집은 동그마니 떨어져 있으므로, 노예들에게 명하시면 쥐새끼 한 마리 빠져 나가지 못하게 포위할 수 있습니다. 오, 나리! 나리께서 마음만 먹으면, 오늘 밤이라도 그 고결한 공주님을 이 댁으로 모셔올 수가 있습니다. 그렇게 된다면 그 일에 큰 공헌을 한 사람이 이 가난하고 굶주린 저라는 것을 잊지나 마십시오."

프로포즈

길은 멀었다. 리누스는 대부분의 그리스도 교도와 마찬가지로 강 건너에 살고 있었기 때문이다. 킬로는 앞장서서 한참 가다가 어떤 집 앞에 멈추어 섰다.
"나리, 저 집입니다."
리누스의 집은 미리암의 집에서 그리 멀지 않았다.
"알았소. 그럼 가 보시오. 하지만 당신은 지금까지 있었던 일은 모두 잊어버려요. 이 집과 모든 그리스도 교도들의 일도 잊어요. 매달 내 집으로 오면, 데마스에게 금화 두 닢씩을 주라고 할 테니까."
킬로는 절을 하고 나서 말했다.
"네, 잊어버리겠습니다."
킬로의 모습이 사라지자, 비니키우스는 곧장 미리암의 집으로 갔다.

문 앞에서 그는 미리암의 아들인 나자루스를 만났다. 비니키우스는 그에게 어머니가 있는 곳으로 안내해 달라고 부탁했다.

안으로 들어서자, 미리암, 베드로, 글라우쿠스, 크리스푸스, 그리고 타르수스의 바울이 함께 있었다.

비니키우스의 갑작스러운 등장에 모두의 얼굴에는 놀라움의 빛이 떠올랐다.

비니키우스는 정중하게 인사를 했다.

"여러분들이 숭상하는 그리스도의 이름으로 인사를 드립니다."

그러자 모두 입을 모아 대답했다.

"그리스도의 이름이 영원히 빛나기를 빕니다."

"저는 여러분의 친구로서 찾아왔습니다."

"우리들도 친구로서 환영합니다. 함께 식사를 합시다."

베드로가 말했다.

"네, 그렇게 하겠습니다. 그 전에 제 말을 들어 주십시오. 저는 리기아가 어디 있는지 알고 있습니다. 은신처를 포위하여 그녀를 강제로 데려갈 수도 있습니다. 하지만 저는 그러지 않았고, 또 그럴 생각도 없습니다."

"그렇다면 주님은 당신을 축복해 주실 것입니다. 그리고 당신의 마음을 깨끗하게 해 주실 것입니다."

베드로가 말했다.

"고맙습니다. 하지만 저는 지금 리기아가 보고 싶어서 미칠 지경입니다. 부디 리기아를 저의 아내로 맞이할 수 있도록 여러분께서 도와주십시오. 저는 언제까지나 리기아의 신앙을 존중할 것이며, 저 또한 리기아의 신앙에 따를 것을 맹세합니다."

비니키우스는 고개를 쳐든 채 단호하게 말했으나, 흥분하고 있었으므로 띠로 졸라맨 망토 밑에서 다리가 떨리고 있었다.

그의 말을 듣고도 잠시 아무도 대꾸하지 않았다. 그는 좋지 않은 대답을 미리 가로막으려는 듯이 말을 이었다.

"여러 가지 장애가 있으리란 것은 알고 있습니다만, 저는 그 사람을 헌신적으로 사랑하고 있고, 아직은 그리스도 교도가 아니라 할지라도 여러분의 적도, 그리스도의 적도 아닙니다. 이것은 제 생사에 관한 중대 문제입니다만, 어쨌든 저는 진실을 말하려고 합니다. 다른 사람 같으면 '제게 세례를 주십시오'라고 말하겠지만, 저는 '가르쳐 주십시오'라고 하겠습니다. 저는 그리스도의 부활을 믿고 있습니다. 믿을 수 있는 증인들이 사후의 그리스도를 보았다고 하시니까 말입니다. 여러분의 가르침이 덕과 정의와 자비를 낳고, 세상 사람들이 비난하고 있는 것 같은 죄악을 저지르지 않으리라는 것을, 이것 또한 제 눈으로 확인했으므로, 믿고자 합니다. 전에 저는 하인들을 매질하며 다스렸으나 지금은 그럴 수가 없게 되었습니다. 전에는 쾌락에 빠져들었으나, 지금은 끔찍하게 생각되어서 지난밤에는 아그리파 호수에서 열린 연회에서 도망쳐 나왔습니다. 전에는 폭력을 휘둘렀으나 지금은 그것을 버렸습니다. 왜 이렇게 되었는지는 저도 모릅니다만, 어쨌든 저는 연회에 싫증이 났고, 술과 노래와 악기와 화환이 싫어졌습니다. 리기아가 높은 산의 흰 눈과 같다는 생각이 들수록 더욱 그녀가 그리워졌습니다. 그리고 그녀가 그렇게 된 것은 여러분 덕분이라고 생각하니, 그 가르침에 매력을 느끼게 됩니다. 그러나 저는 그 가르침을 이해하고 있지도 않으며, 제가 그 가르침에 따라 살아갈 수 있을지 어떨지, 또 내 본성에 맞을지 어떨지도 모릅니다. 그래서 어둠 속에 있는 것 같은, 자신이 없고 괴로운 나날을 보내고 있습니다."

여기까지 말한 그의 이마에는 괴로운 듯 주름이 생겼고 얼굴은 붉어졌다.

"우리는 사랑을 가지고 왔습니다."

베드로가 말했다.

그러자 타르수스의 바울이 덧붙였다.

"우리 모두가 인간의 여러 언어를 말하고 천사의 말까지 한다 하더라도, 사랑이 없으면 우리는 한낱 울리는 징이나 꽹과리와 다를 것이 없습니다."

그러나 나이 많은 사도는, 조롱 속에 갇힌 새처럼 대기와 태양을 동경하며 괴로워하는 영혼을 보고 마음속으로 감동했다.

"문을 두드리면 열릴 것입니다. 주님의 영광과 은총이 당신 위에 있습니다. 그러므로 나는 구세주의 이름으로 당신의 영혼과 사랑을 축복합니다."

베드로가 비니키우스에게 두 손을 내밀며 말했다.

이 축복의 말을 듣자, 비니키우스는 베드로에게 달려갔다,

그러자 이상한 일이 일어났다. 조금 전까지만 해도 이국인을 인간으로 여기지 않았던 순수한 로마 인의 후예가 이 갈릴리 노인의 손을 잡고 감사한 나머지 입술을 갖다 댔던 것이다.

베드로는 기뻐했다. 그가 땅에 뿌린 씨앗이 싹이 터올랐고, 그가 던진 그물에도 하나의 영혼이 걸려든 것이다.

하느님의 사도에 대한 이 명백한 존경의 표현을 보자, 다른 사람들 역시 기뻐했다. 그들은 입을 모아 외쳤다.

"하늘에 계신 주님께 영광 있으라!"

비니키우스는 미소 띤 얼굴로 일어나서 말했다.

"지금 제 자신이 행복하다고 느끼고 있는 이상, 이 행복은 여러분 가운데 있는 겁니다. 다른 일에 대해서도 납득이 될 때까지 여러분이

가르쳐 주실 것을 믿습니다. 그러나 한 가지 분명하게 말씀드릴 것은, 로마에서는 그런 일을 할 수 없다는 것입니다. 황제가 안티움으로 갑니다. 저도 명령을 받았으므로 함께 가지 않으면 안 됩니다. 아무쪼록 그 곳에 오셔서 제게 진리를 가르쳐 주십시오. 그런 다음에 세례를 받고 싶습니다. 그 곳에는 많은 사람들이 모이므로, 여러분의 진리를 전달하는 좋은 기회가 될 것입니다."

이 말을 듣자, 그들은 기쁨으로 상기된 채 의논을 시작했다. 사실 그들은 단 하나의 영혼을 위해서라도 지구 끝까지 갈 각오가 되어 있었다. 따라서 비니키우스의 청을 거절할 생각이 없었다.

서로 의논한 끝에 바울이 비니키우스와 함께 안티움에 가기로 했다.

비니키우스는 자신이 가장 존경하는 베드로가 동행하지 않는 것을 서운하게 여겼으나, 바울의 호의에 대해 충심으로 감사하고 나서, 베드로에게 마지막 부탁을 했다.

"떠나기 전에 리기아를 만나게 해 주십시오. 저와 함께 행복을 나누어 가질 수 있는지 묻고 싶습니다."

그러자 베드로는 온화한 웃음을 띠며 말했다.

"내 아들이여, 그대의 기쁨을 누가 막겠는가!"

비니키우스는 또다시 베드로의 손에 입을 맞추려고 몸을 굽혔다. 벅차오르는 기쁨을 도저히 억누를 수 없었던 것이다. 사도는 비니키우스의 머리 위에 자기의 오른손을 얹으며 말했다.

"황제를 두려워하지 말아요. 당신에게 일러두거니와 당신의 머리카락 하나라도 건드리지 못할 것이오."

베드로는 곧 미리암을 리기아가 있는 곳으로 보냈다. 그러나 리기아가 더 기뻐하도록 하기 위하여 비니키우스가 와 있다는 말은 하지 말라고 일렀다.

잠시 후, 미리암이 리기아의 손을 잡고 왔다. 아무 생각 없이 들어오던 리기아는 비니키우스를 본 순간, 얼어붙은 듯 그 자리에 우뚝 멈추어 섰다. 그녀의 얼굴은 순식간에 붉어졌다가 금세 창백해졌다.

베드로가 부드러운 목소리로 리기아에게 물었다.

"리기아, 그대는 언제까지나 이 사람을 사랑하겠는가?"

잠시 침묵이 흘렀다. 그녀의 입술은 금방이라도 울음을 터뜨릴 것 같았고, 자기가 나쁜 짓을 했다는 것을 느끼면서도 그것을 고백하지 않으면 안 된다는 것을 깨달은 어린아이와 같이 떨리고 있었다.

"대답하시오."

베드로가 친절하게 말했다.

"네⋯⋯."

리기아는 베드로 앞에 무릎을 꿇으며 나직한 목소리로 대답했다.

비니키우스도 그 옆에 무릎을 꿇었다.

베드로는 두 사람의 머리 위에 손을 얹고 말했다.

"주님의 이름으로, 주님의 영광을 위해 서로 사랑하라! 그대들의 사랑에는 죄가 없소."

잠시 후, 비니키우스는 리기아와 함께 정원을 거닐며 그 동안 느꼈던 그리운 마음과 고민, 그리고 갈등으로 보낸 나날들을 뜨거운 목소리로 고백했다.

"저는 당신에게서 도망친 게 아니에요."

리기아가 말했다.

"그럼 왜 나를 혼자 두고 떠났소?"

"잘 아시면서⋯⋯."

리기아의 맑고 푸른 눈에는 수줍음이 어려 있었다.

비니키우스는 너무 기뻐서 잠시 할 말을 잊었다.

"오, 리기아, 리기아!"

드디어 그는 리기아가 마음속으로 무엇을 생각하고 있었는지를 일일이 캐묻기 시작했다. 그러자 리기아는 플라우티우스 가에 있었을 때부터 그를 좋아했다는 것, 팔라티움 궁에서 플라우티우스 가로 돌려보내 주었더라면, 자기의 사랑을 고백하고 그에 대한 플라우티우스 내외분의 노여움을 풀어 보려고 애썼을 것이라고 말했다.

"맹세를 해도 좋지만, 나는 당신을 강제로 납치해 올 생각은 없었습니다. 언젠가는 페트로니우스 외삼촌께서 당신에게 말씀하실 겁니다만, 나는 그 때 당신을 사랑하고 있었으며, 결혼하고 싶어했습니다. 그런데 그분이 나를 비웃으며, 당신을 인질로서 요구한 뒤 내게 인도하겠다는 생각을 황제에게 말한 겁니다. 나는 비탄에 젖어서 그분을 얼마나 저주했는지 모릅니다. 그러나 어쩌면 운명이 내게 호의를 가지고 그렇게 만들어 주었는지도 모릅니다. 만일 그렇게 되지 않았더라면, 나는 그리스도 교도 알지 못했을 것이고, 당신을 이해하지도 못했을 겁니다."

"비니키우스, 제 말을 믿어 주세요. 그건 그리스도께서 일부러 저에게 당신을 인도하신 거예요."

리기아가 말했다.

비니키우스는 깜짝 놀라며 고개를 들었다.

"그렇군요. 모든 일이 이상하게 되어서 당신을 찾고 있는 동안에 나는 그리스도 교도와 만날 수 있었던 거요. 오스트리아눔에서는 넋을 잃고 사도님의 얘기를 들었었죠. 그런 얘기는 여태까지 한 번도 들어 본 적이 없었소. 당신은 나를 위해 기도해 주었겠죠?"

두 사람은 담쟁이덩굴로 덮인 정자 곁을 지나 우르수스가 크로토를 죽이고 비니키우스에게 덤벼든 장소에 이르렀다.

"여기서 만일 당신이 없었더라면 나는 목숨을 잃을 뻔했소."
비니키우스가 말했다.

"그 말은 꺼내지 마세요. 우르수스에게도 말하지 마세요."

"당신을 지켰다고 해서 그를 벌할 수는 없잖소? 만일 그가 노예였다면 나는 해방시켜 주었을 것이오."

"만일 그 사람이 노예였다면, 아울루스 플라우티우스 내외분께서 벌써 해방시켜 주었을 거예요."

"기억하십니까? 나는 당신을 플라우티우스 저택으로 돌려보내려고 했지만, 당신은 황제가 그걸 알면 플라우티우스를 벌할지도 모른다고 내게 말했었소. 자아, 이젠 당신은 얼마든지 그분들을 만날 수 있습니다."

"왜요, 비니키우스?"

"내가 '이젠' 하고 말한 것은 당신이 내 아내가 되어 준다면 그 때는 안심하고 그분들과 만날 수 있다는 뜻입니다. 정말이오. 만일 황제가 이 사실을 알고, 너에게 맡겨 둔 그 인질은 어떻게 했느냐고 물으면 나는 이렇게 대답할 참이오. '저는 그 여자와 결혼했습니다. 제 허락을 받고 플라우티우스 가에 가 있습니다.' 황제는 아캐아에 가고 싶어하므로 안티움에는 오래 머물지 않을 것이고, 오래 있다 하더라도 나는 매일 황제를 만나러 가지 않아도 됩니다. 타르수스의 바울 님이 당신들의 진리를 모조리 가르쳐 준다면 나는 곧 세례를 받겠소. 그리고 이 곳으로 돌아와 곧 로마로 돌아올 플라우티우스와도 화해하겠소. 그리고 이젠 아무런 장애도 없어졌으니, 당신을 맞아들여 우리 집 난롯가에 앉히겠어요. 오, 사랑스러운 그대여, 사랑스러운 그대여!"

비니키우스는 이렇게 말하며 하늘을 자기 사랑의 증인으로 삼으려는 듯이 두 손을 높이 쳐들었다. 리기아도 반짝이는 눈으로 그를 쳐다보았다.

두 사람은 넘치는 행복을 억누를 수 없어 잠시 말없이 걸었다. 서로 사랑하는 두 남녀의 모습은 마치 한 쌍의 요정과 같았고, 봄의 여신이 꽃들과 더불어 이 세상에 보내온 것처럼 아름다웠다.

마침내 두 사람은 방 입구 가까이에 서 있는 사이프러스 나무 아래 멈춰 섰다. 리기아는 그 나무 줄기에 몸을 기댔다.

이윽고 비니키우스가 말했다.

"리기아, 플라우티우스 가에 우르수스를 보내, 당신의 물건이며, 어린 시절의 장난감들을 모두 가져오게 합시다."

"풍속이 그렇지 않은데요."

리기아가 빨갛게 달아오른 얼굴로 말했다.

"나도 결혼식이 끝난 뒤에야 신부의 물건들을 가져온다는 것을 모르지는 않아요. 하지만 우리 처지는 좀 다르잖소? 나는 당신의 물건들을 한시라도 빨리 우리 집으로 옮겨 놓고 언제나 당신을 생각하고 싶은 마음뿐이오."

그 때 미리암이 나와서 점심 식사를 하라고 했다.

비니키우스와 리기아는 집 안으로 들어가 사람들과 함께 식탁에 앉았다. 베드로는 빵을 나누어 축복했다. 그 자리에 있는 모든 사람들의 얼굴에 평안함이 어려 있었다.

그날 저녁때, 비니키우스는 로마 광장을 지나 집으로 돌아가는 도중에 투수쿠스 거리의 입구에서 금빛으로 칠한 페트로니우스의 가마를 여덟 명의 비티니아 인이 어깨에 메고 가는 것을 보았다. 그는 손짓을 하여 가마를 멈춰 서게 한 뒤 그 곁으로 다가갔다.

"즐겁고 행복한 꿈을 꾸십시오."

페트로니우스가 졸고 있는 것을 보고, 비니키우스가 웃으며 말했다.

"오, 너냐? 그래, 어젯밤에 팔라티움 궁에서 밤을 새웠더니 졸립구나. 지금 난 안티움으로 가지고 갈 책을 구하러 간다. 잘 있었느냐?"

페트로니우스가 눈을 뜨고 말했다.

"가마와 책을 보내시고 저의 집으로 와 주십시오. 안티움에 갈 일과 그 밖의 이야기를 하고 싶습니다."

"좋아. 우리가 모레 안티움으로 떠나야만 된다는 건 물론 알고 있겠지?"

페트로니우스가 가마에서 내리며 말했다.

"제가 어떻게 알 수 있겠습니까?"

"넌 도대체 어떤 세상에서 살고 있는 거니? 너는 그 얘기를 내게서 처음 듣는 모양이로구나. 그렇지. 모레 아침까지 채비를 해 두어라."

이런 이야기를 나누면서 두 사람은 비니키우스의 집으로 들어갔다.

비니키우스의 말투가 매우 활기에 넘치고 즐거워 보였으므로, 페트로니우스는 깜짝 놀라서 물었다.

"웬일이냐? 오늘 너는 아직 목에 황금 목걸이를 걸고 있던 어린 시절로 돌아간 것 같구나."

"기쁜 일이 있습니다. 외삼촌께 일부러 제 집으로 가시자고 한 것은 그걸 얘기하려고 한 겁니다."

비니키우스가 말했다.

"무슨 일이냐?"

"로마 제국과도 바꿀 수 없는 일입니다."

비니키우스는 이렇게 말하며 자리에 앉아 의자의 팔걸이에 손을 얹었다. 그리고 온 얼굴에 웃음을 띠고 눈을 반짝이며 말을 이었다.

"전에 함께 아울루스 플라우티우스의 저택에 가서, 외삼촌께서 동틀

때의 새벽과 같고 봄과 같다고 말씀하신 그 고귀한 아가씨를 처음 보셨을 때를 기억하십니까?"

페트로니우스는 몹시 놀라서, 정신이 있는지 어떤지를 다시 확인해 보고 싶은 듯이 비니키우스를 바라보았다.

"무슨 말을 하는 거냐? 리기아의 일이라면 기억하고 있지."

그러자 비니키우스가 말했다.

"저는 약혼자가 됐습니다. 그녀의……."

"뭐라고?"

페트로니우스는 너무나 갑작스런 말에 어안이벙벙해졌다.

잠시 후, 비니키우스는 벌떡 일어서더니 집사를 불렀다.

"노예들을 모조리 이 곳으로 불러 오너라. 빨리!"

"네가 그 아가씨의 약혼자라고?"

페트로니우스는 되뇌었다.

그러나 그의 놀라움이 가시기도 전에 비니키우스의 넓은 아트리움은 노예들로 가득 찼다. 숨을 헐떡이는 노인들, 혈기왕성한 사내들, 여자들, 소년 소녀들도 달려왔다. 많은 무리들이 아트리움을 향해 밀어닥쳤고, '파우케스'라고 불리는 복도에서는 여러 나라 말이 들려왔다.

이윽고 모두가 벽이나 기둥 사이에까지 한 치의 틈도 없이 정렬했다. 비니키우스는 빗물받이 수반 곁에 서서 해방 노예인 데마스에게 말했다.

"이 집에서 20년 이상 일해 온 자는 내일 대법관 앞으로 가면 자유의 몸이 될 수 있다. 20년이 못 된 자에게는 각각 금화 세 닢씩 줄 것이고, 또 일주일 동안 식사의 양을 두 배로 늘리겠다. 시골 노역장에도 명령을 내려 형벌을 중지시키고, 발에 채운 족쇄를 풀고, 음식을 충분히 주겠다. 오늘은 내게 무척 기쁜 날이다. 그러니 온 집안이 축복해 주기 바란다."

노예들은 자기 귀를 의심하는 듯 잠시 영문을 몰라 어리둥절한 채 서
있다가, 이윽고 일제히 두 손을 번쩍 쳐들고 입을 모아 소리쳤다.

"아아, 나리!"

비니키우스는 손짓을 하여 그들을 모두 내보냈다.

모두들 내심으로는 주인 앞에 무릎을 꿇고 감사하고 싶었으나, 어쩔
수 없이 물러났다. 지하실에서 지붕에 이르기까지 온 집안이 행복으로
가득 찼다.

"내일이 되면 그들을 또 한 번 집합시켜 뜰에다 그림을 그리게 할 작
정입니다. 물고기를 그리는 자가 있으면, 리기아로 하여금 해방시키
도록 하겠습니다."

그러나 어떤 일에나 놀라는 법이 없는 페트로니우스는 이미 냉정을
되찾고 물었다.

"물고기라고? 아아, 언젠가 킬로에게서 들은 그리스도 교도의 암호로
구나. 행복이란 언제나 사람이 구하는 곳에 있는 법이다. 바라건대,
네 소망이 모두 성취되기 바란다."

"고맙습니다. 사실은 외삼촌께서 반대하실 줄 알았습니다. 반대하신
다 해도 듣지 않았을 겁니다만……."

"내가 반대한다고? 당치 않는 소리. 아니, 오히려 칭찬하고 싶다."

"하하, 변덕이 심하시군요. 언젠가 함께 폼포니아 댁에서 나올 때 제
게 하신 말씀을 잊으셨습니까?"

비니키우스가 유쾌하게 물었다.

"잊을 리가 없지. 다만 나는 의견을 바꾸었을 뿐이다. 알겠니? 로마
에선 모든 것이 변하고 있다. 남편은 아내를 바꾸고, 아내는 남편을
바꾼다. 그렇다면 내가 의견을 바꾼다 해서 나쁠 건 없잖니? 네로가

아크테와 결혼하려고 했을 때 모두들 네로의 비위를 맞추기 위해 아크테를 왕족 출신으로 둔갑시키려고 했다. 그렇게 되었다면 네로는 정숙한 배우자를 갖게 되고, 우리는 정숙한 황후를 모셨을 것이다. 나는 이건 타당하다든가 이건 편리하다고 인정하면 언제라도 내 의견을 바꿀 것이다. 리기아로 말하면 왕족 출신이니까, 페르가몬 왕가의 후손이라고 하는 아크테보다는 믿을 만하겠지. 그건 그렇고, 안티움에 가면 포피아를 경계해라. 그 여자는 집념이 강하니까."

"그런 건 생각지도 않아요. 안티움에서는 저의 머리카락 한 올이라도 건드리지 못할 겁니다."

"나를 또 한 번 놀라게 하려고 한다면 그건 잘못된 생각이야. 그러나 너는 그런 확신을 어디서 얻었니?"

"사도 베드로가 그렇게 말했습니다."

"아, 사도 베드로가 그렇게 말했다고? 그렇다면 왈가왈부할 필요가 없겠지. 그러나 내가 어떤 예방책을 취하겠다는 건 인정해 주어야겠다. 만일 베드로가 거짓 예언자가 되면 곤란하니까. 가령 그 사도 베드로의 예언이 틀리다면, 너는 그를 믿지 않게 되겠지. 이런 너의 신뢰는 사도 베드로에게 앞으로 여러 가지 도움이 될 거다."

"좋도록 생각하십시오. 그러나 저는 그분을 믿습니다. 게다가 외삼촌께서 자꾸만 그분의 이름을 들먹이며 빈정거린다고 해서 제가 낙담하리라고 생각하신다면 그건 착각이십니다."

"그럼 한 가지 더 묻겠는데, 넌 그리스도 교도가 되었느냐?"

"아직은요. 하지만 타르수스의 바울이 저와 같이 가셔서, 그리스도의 가르침을 말씀해 주실 것입니다. 그 다음에 저는 세례를 받을 겁니다. 그들이 삶과 기쁨의 적이라고 한 외삼촌의 말씀은 사실과는 다릅니다."

"그렇다면 너와 리기아에게는 다행한 일이로구나."

페트로니우스가 말했다.

그리고 그는 어깨를 으쓱하며 혼잣말처럼 중얼거렸다.

"아무튼 놀라운 일이다. 그 사람들은 신자를 만드는 데 퍽 능란하구나. 이렇게 해서 그 종파는 더욱 번창해 가겠지."

비니키우스는 세례를 받은 사람처럼 열띤 어조로 말했다.

"그렇습니다. 로마나 이탈리아의 여러 도시에도, 그리고 그리스와 소아시아에도 몇천 몇만의 신자가 있습니다. 군단이나 친위군에도, 황제의 궁전에조차도 그리스도 교도가 있습니다. 노예와 자유민, 가난한 자와 부자, 평민과 귀족도 그 종교를 믿고 있습니다. 아시겠습니까? 코르넬리우스 집안 사람, 폼포니아 그래키나, 옥타비아 모두가 그리스도 교도입니다. 아크테도 그래요. 그 종교는 온 세계로 전파되고 있습니다. 세계를 다시 소생시킬 수 있는 것은 그 종교뿐입니다. 그렇게 어깨를 으쓱하지 마세요. 외삼촌께서도 한 달이나 일 년 후에는 그 종교를 믿게 되실는지 모릅니다."

"내가? 천만에! 나는 그걸 받아들이지 않겠다. 그 가르침에 신과 인간의 모든 진리와 지혜가 들어 있다 해도 나는 믿지 않는다. 그걸 믿으려면 노력이 필요해. 그런데 나는 노력하는 게 싫다. 체념도 필요하다. 그런데 나는 인생에 대해선 무엇 하나라도 체념하고 싶지 않단다."

페트로니우스가 말했다.

에우니케가 도착하자, 곧 저녁 식사가 시작되었다.

악사가 부르는 노래를 몇 곡 듣고 나서, 비니키우스는 페트로니우스에게 킬로가 찾아왔다는 것, 킬로의 방문이 동기가 되어 직접 사도를 찾아가야겠다는 생각이 떠올랐다는 것을 이야기했다. 또다시 졸음이 몰려온 페트로니우스는 이마에 손을 대고 말했다.

"좋은 결과를 낳았으니 그 생각은 좋았던 셈이지. 그리고 킬로에 대해서인데, 나 같으면 녀석에게 금화 다섯 닢은 주었을 거다. 그러나 네가 매질을 하라고 명한 이상에는 차라리 죽게 내버려둘 걸 그랬군. 그럼 편히 쉬어라."

이렇게 말하며 그는 에우니케와 함께 돌아갈 채비를 했다.

두 사람이 나가자, 비니키우스는 서재로 가서 리기아에게 다음과 같은 편지를 썼다.

여신이여, 당신이 아름다운 눈을 떴을 때, 이 편지로 하여금 인사를 시키고자 합니다. 그래서 내일 만날 수 있는데도 지금 이렇게 쓰고 있는 것입니다.

황제는 모레 안티움으로 떠나므로, 유감스럽지만 나도 떠나지 않을 수 없습니다. 이미 말한 바와 같이 그것을 거부하면 목숨이 위태롭다고 했으며, 지금의 나는 죽음을 각오할 용기가 없습니다. 그러나 당신이 가지 말라고 한다면, 나는 두 말 없이 머물러 있겠습니다. 그렇게 되면, 페트로니우스 외삼촌이 내 위험을 막아 주시겠지요.

오늘 나는 노예들에게 모조리 상을 내렸습니다. 이 집에서 20년 이상 일한 자는 내일 대법관에게 데리고 가서 해방시켜 줄 겁니다. 당신은 이 일을 칭찬해 주어야 합니다. 이것은 당신이 믿고 있는 그 온화한 가르침에도 합당한 일이라 생각되고, 또 나는 이 일을 당신을 위해 했으니까요.

여행 중에도 시간이 나면, 당신의 아름다운 모습을 보기 위해 몇 번이고 말을 달려 로마로 돌아오겠습니다. 그렇지 못할 경우에는 노예를 시켜서 안부 편지를 자주 보내겠습니다.

　여신이여, 그럼 잘 있어요.

미래의 당신 집에서

황제와 어부

로마에서는, 황제가 도중에 오스티아를 방문하여 최근 알렉산드리아에서 곡식을 운반해 온 세계 최대의 배를 보고 싶어하며, 거기서 연안 가도를 따라 안티움으로 갈 예정이라는 소문이 널리 퍼져 있었다.

명령은 이미 며칠 전에 내려져 있었으므로, 그 날이 되자 지방의 구경꾼과 세계의 모든 민족으로 이루어진 군중이 오스티엔시스 문으로 몰려와 황제의 행렬을 구경하고자 했다.

그날 아침 일찍, 산양의 가죽으로 발을 감싸고 얼굴이 햇볕에 그을은 캄파니아의 목자들이 5백 마리의 암탕나귀를 몰고 도시를 지나갔다. 안티움에 도착하면, 그 이튿날 포피아가 언제나처럼 당나귀 젖으로 목욕을 하기 위해서였다.

마침내 황금빛 군복에 붉은 허리띠를 맨 근위병들이 앞에 나타나면서 요란한 행렬이 꼬리를 이었다.

사람들은 그것을 좀더 가까이에서 보려고 서로 밀고 당겼다. 그러자 성문에서부터 길 양쪽에 늘어서 있던 근위병들이 사람들을 제지했다.

그 다음에는 갖가지 빛깔의 천막에 귤나무로 만든 탁자, 값비싼 모자이크, 주방 도구, 네로를 위한 요리에 쓸 혓바닥을 가진 새들을 담은 새장, 과일 광주리, 술병 등을 가득 실은 화차가 줄을 이었다. 네로와 신하들이 연주할 악기를 든 행렬은 마치 바쿠스나 아폴론 신이 세계 여행을 떠나는 것 같았다.

막대기를 손에 든 남녀 광대들과 무사들이 한껏 멋을 부리며 전차 위에 앉아 있었다. 건장한 체구에 긴 수염을 기른 친위병 일개 중대가 전차의 뒤를 따랐다.

그 뒤에는 네로가 기르는 한 무리의 사자와 호랑이가 지나갔다. 노련한 조련사들로부터 훈련을 받은 사자와 호랑이들은 졸린 듯한 눈으로 사람들을 쳐다보기도 하고, 거대한 턱을 움직이기도 했다.

이윽고 네로의 전용 마차가 나타났다. 황금빛과 자줏빛으로 번쩍이는 마차에는 상아와 진주가 장식되어 있었다.

군중 속에는 사도 베드로도 섞여 있었다. 그는 평생에 한 번쯤 황제를 봐 두고 싶었던 것이다. 두꺼운 베일로 얼굴을 가린 리기아와 우르수스도 함께 서 있었다.

이윽고 황제가 다가왔다. 그는 말굽에 금물을 들인 흰 암말 6마리가 끌고 있는, 천막을 친 수레에 앉아 있었다. 사람들이 네로의 모습을 좀 더 잘 볼 수 있도록 마차의 휘장은 모두 걷혀 있었다.

네로는 두 겹으로 축 늘어진 두터운 턱에 코와 입이 바짝 달라붙어서, 마치 콧구멍과 입술이 붙어 있는 것처럼 보였다. 돼지처럼 살찐 굵은 목에는 언제나처럼 비단 목도리를 두르고 있었다.

"만세, 만세, 언제나 승리하는 황제 폐하 만세!"

"천하무적의 아폴론의 아들, 황제 폐하 만세!"

네로는 사람들의 터질 듯한 환호에 만족한 웃음을 보이며 손을 흔들었다.

그러나 때로는 구름과 같은 그림자가 그의 얼굴을 스쳐 간 적도 있었다. 그건 로마 백성이 빈정거리기를 좋아하고, 위대한 개선 장군이나 그들이 충심으로 사랑하고 존경하는 사람들에게조차도 조소를 보내곤 했기 때문이었다.

네로는 자존심이 매우 강하여, 어떤 사소한 비난이나 조소에도 견딜 수가 없었다.

그런데 그 때 군중 사이에서 누군가 소리쳤다.

"붉은 수염! 붉은 수염! 그 불꽃 같은 수염은 어떻게 했느냐?"

"그 수염 때문에 로마가 불에 탈 것 같아서 두려우냐?"

황제는 그런 소리를 듣고도 별로 노하지 않았다. 수염을 깎았기 때문에 더욱 그럴 수 있었다. 그는 이미 몇 년 전에 자기 수염을 황금의 통 속에 넣어 주피터 신전에 바쳤던 것이다.

또 다른 비난의 소리가 터져 나왔다.

"제 어미를 죽인 놈! 네로!"

"황제의 옷을 벗어라!"

네로는 그렇게 소리친 자들을 잘 보아 두려는 듯이 반질거리는 에메랄드 구슬을 눈에다 갖다 댔다. 그러다가 그의 시선은 돌 위에 서 있는 베드로와 마주쳤다.

순간, 두 사람은 서로 뚫어지게 노려보았다. 네로와 베드로의 운명적 싸움을 눈치챈 사람은 아무도 없었다. 한 사람은 황제요 한 사람은 누더기에 지팡이를 짚고 선 노인이었지만, 그 노인은 장차 로마와 세계를 영원히 지배할 운명을 짊어진 사람이었다.

황제가 지나가자, 바로 그 뒤에는 군중의 증오의 표적이 되어 있는 포피아가 여덟 명의 아프리카 인이 메고 있는 화려한 가마를 타고 따라갔다. 네로와 같이 자수정 빛깔의 옷을 입고, 얼굴에는 진한 화장을 했으며, 꼼짝도 않고 생각에 잠긴 채 사람들을 거들떠보지도 않고 있는 그 모습은 마치 축제 때에 짊어지고 나온 아름다우면서도 사악한 여신 상과도 같았다.

그 뒤에 남녀 노예들과 집기와 화장 도구를 실은 수레의 행렬이 기다

랗게 이어졌다. 마치 뱀처럼 번들거리며 끊임없이 빛깔을 바꾸고 있는 이 화려한 행렬은 끝없이 이어졌다.

우울해 보이는 페트로니우스는 군중에게 따뜻한 환영을 받으면서 여신과 같은 여자 노예와 함께 가마를 타고 나타났다.

티겔리누스는 흰색 깃털로 장식된 말이 끄는 4두 마차에 올라타고 있었다. 그는 몇 번이고 마차에서 몸을 일으켜 세워 목을 길게 빼고는 황제가 함께 타고 가자고 손짓을 해 주지나 않나 살피고 있었다.

안티움에서는 페트로니우스가 황제의 총애를 다투는 신하들 사이에서 날마다 승리를 거두고 있었다. 그 반면, 티겔리누스의 세력은 완전히 땅에 떨어져 있었다.

안티움으로 와서 푸른 바다를 내려다보고 있는 궁전에 있게 되자, 로마에서와는 달리 황제의 생활은 그리스적인 것이 되었다.

사람들은 아침부터 밤까지 시를 낭독하고 음악이나 연극에 빠졌다. 그런 상황에서는 티겔리누스와 그 밖의 신하들과는 비교할 수 없을 만큼 교양이 있고, 기지가 풍부하며, 화술이 능란하고, 섬세한 감정과 취미를 지니고 있는 페트로니우스가 두각을 나타낸 것이 당연했다.

네로는 여러 가지 일을 페트로니우스와 의논하였고, 페트로니우스의 충고나 의견을 잘 받아들였다.

어느 날, 황제는 가까운 신하들만 모인 자리에서 자신이 새로 지은 시 '트로이의 노래'를 낭송했다.

낭송이 끝나고 신하들의 찬탄하는 소리가 가라앉자, 눈짓으로 묻는 황제에게 페트로니우스는 이렇게 말했다.

"평범한 작품이군요. 불에 태워 버리십시오."

그 자리에 있던 사람들은 두려운 나머지 모두 숨을 죽였다. 그 때까지 네로에게 그와 같이 무례하게 말한 사람은 아무도 없었기 때문이다.

티겔리누스의 얼굴은 기쁨으로 환하게 빛났다. 반면, 비니키우스의 얼굴은 창백해졌다. 늘 술을 조심하던 페트로니우스가 이 때만은 취하지 않았나 하고 걱정이 되었다.

"이 시의 어디가 나쁘다는 건가?"

네로는 부드러운 목소리로 물었으나, 그 얼굴에는 경련이 일고 있었다. 자존심이 매우 상했던 것이다.

페트로니우스는 태연한 표정으로 대답했다.

"다른 사람들의 말을 믿으시면 안 됩니다. 베르길리우스나 오비디우스의 작품이라면, 아니 호메로스의 작품이라 해도 그것은 훌륭하다는 평가를 받을 수 있겠지요. 하지만 폐하의 시로서는 좀 부족한 듯합니다. 폐하께서는 그들보다 훨씬 위대하시기 때문입니다. 폐하의 시에 나오는 화재는 충분히 불타오르고 있다고 말할 수 없습니다. 신들로부터 폐하만큼 많은 것을 받은 분에게는 당연히 더 많은 것을 기대하게 되는 법입니다. 그런데도 불구하고 요즘 폐하께서는 게으르십니다. 식사 후에 시를 지으시는 것보다는 오히려 수면을 취하고 싶어하십니다. 폐하는 지금까지 이 세상에서 들어 보지 못한 훌륭한 시를 쓰실 분입니다. 아무쪼록 더 위대한 작품이 나오기를 바랍니다."

페트로니우스는 비웃는 것 같으면서도 타이르는 듯한 어조로 말했다.

네로는 감격한 나머지 눈물을 글썽거렸다.

"신들은 짐에게 많은 재능을 주시진 않았다. 하지만 그보다 더 큰 것을 베푸셨다. 그것은 진정한 친구이자 비평가를 보내 주신 것이다."

그리고 황제는 '트로이의 노래'를 불에 태워 버리려고 했다. 그러나 페트로니우스는 종이에 불이 붙기 전에 말렸다.

"안 됩니다! 아무리 가치가 없는 작품이라 해도 인류가 영원히 간직

해야 할 명작임에는 틀림없습니다. 태워 없애시려거든 저를 주십시오."

"그러면 짐이 만든 상자에 넣어서 보내 주겠노라."

네로는 이렇게 말하며 페트로니우스를 껴안았다.

잠시 후, 네로가 말했다.

"그래, 그대 말이 맞다. 나는 지금까지 내 능력을 지나치게 평가해 왔다. 그런데 오늘 밤, 그대가 짐의 눈을 뜨게 했다. 조각품을 만들기 위해서는 어떤 모형이 있어야 하지. 짐도 마찬가지야. 그런데 짐은 거대한 도시가 불타는 것을 본 일이 없거든. 그러니 짐이 지은 시의 표현에 진실성이 부족할 수밖에 없지! 그걸 그대가 지적해 준 거야."

"그 점을 깨달으신 것을 보면, 역시 폐하는 위대한 예술가이십니다."

네로는 잠시 생각하다가 말했다.

"페트로니우스, 하나만 더 대답해 다오. 그대는 트로이가 불탄 것을 애석하게 여기는가?"

"조금도 애석하지 않습니다. 그 이유를 말씀드릴까요? 만일 프로메테우스가 인간에게 불을 주지 않았고, 그리스 인들이 프리아모스 왕에게 싸움을 걸지 않았더라면, 트로이는 불타지 않았을 것입니다. 그러나 불이 없었더라면 아이스킬로스도 〈프로메테우스〉를 쓰지 못했을 것이고, 또 트로이 전쟁이 없었더라면 호메로스도 〈일리아스〉를 쓰지 못했을 겁니다. 저는 그 초라한 시골 도시가 보존되는 것보다는 〈프로메테우스〉나 〈일리아스〉가 세상에 나온 것을 기쁘게 생각하고 있습니다."

페트로니우스가 말했다.

"그야말로 이치에 맞는 말을 해 주었구나. 시와 예술을 위해서는 모든 것을 희생해도 좋고, 또 마땅히 그러지 않으면 안 된다. 호메로스의 〈일리아스〉에 소재를 준 아케아 사람들은 참으로 행복한 사람들이다. 프리아모스 왕도 자못 행복했을 것이다. 그런데 짐은 이게 뭐람. 도시가 불타는 것을 본 적이 없단 말이다."

순간 침묵이 흘렀다.

그것을 먼저 깨뜨린 사람은 티겔리누스였다.

"폐하, 벌써 말씀드린 바 있습니다만, 명령만 내리신다면 안티움을 불질러 보이겠습니다. 만일 여기 있는 별궁이나 궁전이 아까우시면, 오스티아 항구의 배에 불을 지르겠습니다. 그렇지 않으면 알바누스 산 기슭에 목조 도시를 만들고 거기에 불을 질러도 될 것입니다."

그러자 네로가 경멸하듯이 그를 한번 힐끗 쳐다보았다.

"짐이 언제 나무토막 따위로 지은 것이 타는 걸 보고 싶다고 했느냐? 티겔리누스, 네 머리도 이젠 쓸모가 없게 되었구나. 너는 아마 짐의 '트로이의 노래'를 대수롭지 않게 여기고 있는 모양이구나."

티겔리누스는 당황해서 어쩔 줄 몰랐다. 네로는 화제를 바꾸려는 듯 이렇게 덧붙였다.

"드디어 여름이 되었구나. 제기랄, 로마는 자못 악취를 풍기고 있겠지. 하지만 여름 경기가 있을 텐데 안 돌아갈 수도 없고……."

한 시간 후, 비니키우스는 페트로니우스와 같이 별궁에서 돌아오는 길에 말했다.

"술에 취해서 큰일을 저지르시는 게 아닌가 해서 염려했습니다. 외삼촌은 죽음과 장난을 하고 있다는 점을 잊지 마시기를……."

그러자 페트로니우스는 대수롭지 않다는 듯 말했다.

"궁중은 내 투기장이야. 거기서는 내가 가장 훌륭한 검투사라고 생각되어 즐겁단다. 그 결말이 어떻게 되었는지 생각해 보려무나. 내 세력은 오늘 밤 더욱 커지지 않았느냐? 황제는 자기의 시를 상자에 넣어서 내게 보내 올 거다."

"비난조차도 아첨으로 받아들이게 하시다니, 실로 놀라운 수완이십니다. 그런데 그 시는 정말 그렇게 형편없는 겁니까?"

"굳이 딴 시보다 나쁘다고 할 건 없지. 무엇보다도 붉은 수염이 시와 음악에 기울이는 정성은 대단해."

페트로니우스가 말했다.

네로는 하프로 반주를 하며 키프로스 여신을 찬양하는 노래를 불렀다. 가사와 곡은 그 자신이 지은 것이었다.

그 날따라 네로는 아주 유쾌하고 흥겹게, 그리고 능숙하게 하프를 탔다.

연주의 끝에 이르자, 그는 너무 도취된 나머지 얼굴빛이 새하얘졌다.

"짐은 피곤하다. 신선한 공기를 마시고 싶구나."

이렇게 말하며 네로는 비단 목도리를 목에 둘렀다.

그리고 아트리움 한구석에 앉아 있던 페트로니우스와 비니키우스에게 말을 건넸다.

"그대들은 짐을 따라오라. 비니키우스, 잠깐 부축해 다오. 페트로니우스와는 음악 이야기를 나누고 싶구나."

페트로니우스와 비니키우스는 네로를 따라 발코니로 나갔다.

"온 로마를 통틀어 짐을 이해해 주는 사람은 페트로니우스 그대뿐이야. 짐은 황제야. 짐에게 불가능은 없지. 그런데 음악은 짐에게 새로운 세계를 열어 주었다. 음악을 연주할 때는 마치 올림포스가 내 앞에 우뚝 서 있는 것 같아. 그 순간에는 황제이자 시인인 짐이 한낱 먼지에 지나지 않는다는 생각을 갖게 되지."

황제가 말했다.

"위대한 예술가만이 예술에 대해 자신을 아무것도 아닌 존재로 느낄 수 있는 것입니다."

"오늘 밤은 마음을 터놓고 이야기하고 싶다. 그대는 짐이 이성을 잃었다고 생각하는가? 짐도 안다. 로마 거리에 짐을 욕하는 글귀들이 붙어 있다는 것을 말이야. 어머니와 아내를 죽인 자라는 글도 붙어 있지. 짐을 마치 짐승만도 못한 사람으로 취급하는 거야. 짐은 정말 그들의 이야기처럼 미치광이 폭군인지도 모르지. 하지만 음악이 짐의 영혼을 어루만져 줄 때, 짐은 이따금 자신이 천진난만한 어린아이 같다는 생각을 하곤 하지. 저 하늘에 빛나고 있는 별을 두고 짐의 이 말이 진실이라는 것을 맹세할 수 있다. 사람들은 짐의 가슴속에 얼마나 많은 선량함이 간직되어 있는지 모른다. 음악이 이 마음의 문을 열어 줄 때, 그 안에서 얼마나 많은 보배가 흘러나오는가를 모르고 있단 말이야."

페트로니우스는 네로가 진심으로 말하고 있다는 것을 의심하지 않았다. 폭군을 둘러싸고 있는 악의 껍질 속에도 고귀하고 순결한 영혼의 음악이 자리잡고 있는 것이라고 믿었다.

"다른 사람들도 저와 마찬가지로 폐하를 이해할 필요가 있습니다. 온 로마 사람들은 지금까지 폐하의 참된 가치를 알지 못했던 것입니다." 페트로니우스가 말했다.

"티겔리누스의 말로는, 디오도루스와 테르프노스의 하프 솜씨가 짐보다 훌륭하다고 원로원에서 수군거린다더군. 그대는 언제나 바른말을 하는 사람이니까 묻겠는데, 아무쪼록 정직하게 대답해 다오. 그들의 솜씨가 짐보다 나은가?"

황제는 비니키우스의 팔에 더욱 몸을 기대며 말했다.

"천만의 말씀입니다. 폐하께서 훨씬 뛰어나십니다. 폐하가 위대한 예술가라면, 그들은 단순한 재주꾼에 불과합니다."

"그렇다면 그자들을 살려 두겠다. 그들은 자기네가 방금 그대에게 은혜를 입었다는 걸 모르고 있을 거야. 또 그들을 사형에 처하면 대신 다른 자들을 고용하지 않으면 안 되니까."

"게다가 또 세상에서는 폐하께서 지나치게 음악에 심취하여 아까운 음악가들을 죽인다고 비난할 것입니다."

"그대는 티겔리누스와는 딴판이야. 짐은 모든 일에 있어서 예술가의 정신을 지키려고 애쓰고 있어. 음악은 신비한 힘을 안겨 주거든. 짐은 신이 준 그 신비한 힘을 찾아 내어 마음껏 펼쳐 보이고 싶어. 사람들이 짐을 미치광이라고 말하는 걸 잘 알고 있어. 하지만 짐은 미치광이가 아니야."

그리고 네로는 비니키우스에게 들리지 않도록 목소리를 낮추어 페트로니우스의 귀에다 대고 속삭였다.

"그대는 짐이 어머니와 아내를 죽인 까닭을 알고 있는가? 인간의 지혜로는 알 수 없는 세계의 문에 인간이 바칠 수 있는 최대의 제물을 바치고 싶었던 거야. 짐은 인간 이상의 존재가 되고 싶었거든. 하지만 그런 제물로는 부족했다. 깨끗한 하늘 나라의 문을 열자면 그보다 더한 것이 필요해. 어쨌든 운명의 여신이 바라는 것을 반드시 이루고 싶다!"

"그럼 어떻게 하실 생각입니까?"

"곧 알게 된다. 그대의 생각보다 더 빨리 알게 될 거야. 네로가 둘이 있다는 것을 알아 두라고. 하나는 백성들이 잘못 알고 있는 폭군 네로이고, 또 하나는 그대만이 알고 있는 예술가 네로이다. 아, 만일 짐이 사라진다면, 이 세계는 얼마나 삭막할 것인가! 짐이 얼마나 위대한 예술가인지 그대조차도 알지 못하고 있어. 그래서 짐은 괴로운 거야."

"폐하, 진심으로 동정하는 바입니다. 폐하를 신처럼 받들고 있는 이 비니키우스는 말할 것도 없고, 이 땅과 바다까지도 저와 함께 느낄 것입니다."

"비니키우스는 전부터 마음에 들었다. 다만 비니키우스가 섬기는 것은 군신이지 예술의 신인 뮤즈가 아닌 것 같지만……."

"지금은 아프로디테를 섬기고 있습니다."

페트로니우스가 말했다.

그 순간, 그는 조카의 일을 단번에 해결하는 동시에 모든 위험을 제거하려고 결심했다.

"폐하, 비니키우스가 로마로 돌아갈 수 있도록 허락해 주십시오. 벌써 잊으셨는지 모릅니다만, 폐하께서 비니키우스에게 주신 리기아라는 인질을 도로 찾았습니다. 비니키우스는 리기아를 깊이 사랑하여, 폐하께서 결혼을 허락해 주시기만을 손꼽아 기다리고 있습니다."

"황제가 신하의 아내를 얻는 일까지 참견해야 하는가?"

"폐하, 방금 말씀드린 것처럼 비니키우스는 폐하를 신처럼 받들고 있습니다."

"그렇다면 내일 로마로 가서 그 처녀와 결혼하도록 하라. 짐 앞에 다시 나타날 때는 꼭 결혼 반지를 끼고 오도록 하라."

네로가 비니키우스에게 말했다.

그 때 갑자기 문 쪽에서 소란스러운 소리가 들리더니, 휘장 뒤에서 황제의 해방 노예 파오와 집정관 레카니우스가 황급히 나타났다.

"용서하십시오, 폐하. 로마가 불타고 있습니다! 시가지의 대부분이 불길에 싸여 있습니다."

파오가 숨을 헐떡이며 말했다.

이 말을 듣고 모두들 깜짝 놀랐다.

그러나 네로는 놀라는 기색 없이 말했다.

"신들이여! 이제 나는 불길이 솟아오르는 도시를 보며 '트로이의 노래'를 완성시킬 수 있게 되었습니다."

그리고 집정관 쪽으로 돌아서서 물었다,

"지금 곧 나가면 그 화재를 구경할 수 있겠느냐?"

집정관은 얼굴이 백지장처럼 창백해졌다.

"폐하, 로마는 온통 불바다가 되었습니다. 시민들은 연기에 질식하거나 기절하거나 미쳐서 불 속으로 뛰어들고 있습니다. 로마는 멸망해 가고 있습니다."

불타는 도시

비니키우스는 두세 명의 노예들에게 따라오라고 명령하고, 곧 말 위에 뛰어올랐다. 로마로 가기 위해서였다.

비니키우스는 끔찍스러운 소식에 미친 사람처럼 정신을 차릴 수가 없었다. 그는 말 등에 엎드려 갈기를 움켜쥔 채, 어두운 거리를 달렸다.

아르데아를 지나자, 북동쪽 하늘이 장밋빛으로 물들어 있는 듯이 보였다. 시간도 오래 흘렀고, 7월에는 날이 일찍 새기 때문에, 어쩌면 동이 터 오는 것인지도 몰랐다.

그러나 그것이 타오르는 불빛의 반사임을 알아차리자, 비니키우스는 절망과 분노의 외침을 억누를 수가 없었다.

그는 리기아를 구하기는커녕 온 도시가 잿더미로 변하기 전까지 도착하리라는 희망조차 사라져 그대로 미쳐 버릴 것만 같았다.

물론 그는 로마의 어느 지역에서 불이 번지기 시작했는지 알 길이 없

었다. 강 건너는 빽빽이 들어선 집과 목재 창고와 노예 시장이 서는 오두막이 즐비하게 늘어서 있는 곳이므로, 맨 먼저 불길에 싸일 가능성이 많았다.

문득 비니키우스의 머리에 놀라운 힘을 지닌 우르수스의 모습이 떠올랐다. 그러나 비록 그가 보통 사람이 아니라 할지라도, 모든 것을 파괴하는 불의 위력 앞에 무슨 뾰족한 수가 있을까 하는 생각이 들었다.

마침 그 때 반대쪽에서 안티움을 향해 역시 질풍과 같이 말을 타고 달려오는 사내가 비니키우스 곁을 스쳐 가면서 '로마는 멸망한다!' 하고 외쳤다. '신들'이라는 말도 들려왔으나, 나머지 말은 말발굽 소리에 지워져 버렸다.

그러나 비니키우스는 이 말에 정신이 번쩍 들었다. 그는 갑자기 고개를 들어, 수많은 별들이 반짝이고 있는 하늘을 향해 두 팔을 쳐들고 기

도를 하기 시작했다.

"저는 불타고 있는 신전의 신들이 아니라 당신에게 호소합니다. 당신은 스스로 고통을 당하셨습니다. 당신만이 은혜로운 신이십니다. 당신만이 인간의 고통을 이해하십니다. 당신은 인간에게 자비를 베풀어 주시기 위해 이 세상에 오셨습니다. 부디 자비를 베푸소서. 당신이 베드로나 바울의 말씀과 같이 정말 신이시라면, 제발 저의 리기아를 구해 주십시오. 그 손으로 리기아를 불 속에서 끌어 내 주십시오. 당신은 하시려고 하면 능히 그 일을 하실 수 있을 것입니다."

그는 여기서 기도를 그쳤다. 더 이상 기도를 계속한다는 것은 하느님을 모독하는 일이라고 생각했기 때문이다.

비니키우스는 다시 말에 채찍을 가했다. 말은 쓰러질 뻔했으나, 고삐를 세차게 잡아당기는 바람에 주저앉고 말았다. 마침 그 곳은 그가 좋은 말을 바꾸어 타려는 여인숙 앞이었다.

노예들은 주인의 도착을 예상하고 있었다는 듯 그 여인숙 앞에 서 있었다. 그들은 비니키우스의 명령을 받자, 곧 새로운 말을 끌어 내려고 앞을 다투어 뛰기 시작했다.

로마에서 안티움으로 보고를 하러 가는 것처럼 보이는 열 명쯤의 친위대 기병들이 눈에 띄자, 비니키우스는 그쪽으로 가서 물었다.

"시내의 어느 쪽이 타고 있는가?"

"당신은 누구십니까?"

병사들 중 우두머리인 듯한 자가 물었다.

"비니키우스. 군단 사령관이다."

"불은 대경기장 곁의 노점가에서 일어났습니다. 우리가 출발 명령을 받았을 때는 온 시내가 불길에 싸여 있었습니다."

"강 건너는 어떤가?"

"불은 아직 거기까지는 옮겨 붙지 않은 모양이지만, 무서운 힘으로 퍼져 가고 있어 손을 댈 수 없는 형편입니다."

그 때, 노예가 새로운 말을 끌고 왔다.

비니키우스는 말에 뛰어오르자 무서운 속도로 달리기 시작했다.

이윽고 비니키우스는 로마 근교에 이르렀다.

'언덕에서는 불길이 보일 것이다.'

비니키우스는 다시 말에 채찍을 가했다.

그러나 미처 언덕 꼭대기에 이르기도 전에, 그는 타다 남은 재가 얼굴에 와서 닿는 것을 느꼈고, 그와 동시에 연기 냄새가 코를 찔렀다.

비니키우스는 알바눔 방향으로 언덕을 내려가서 연기 속으로 말을 몰았다. 도시 전체가 연기에 싸여 있었다. 주민들은 두려움에 떨며 한길에 나와 있었다.

비니키우스는 그 모습을 보며 자기도 모르게 기도를 드렸다. 그러자 어느 정도 안도감이 생기는 것 같았다.

'리기아는 하느님과 우르수스와 리누스, 그리고 베드로의 도움을 받을 거야. 리기아에게는 절대로 나쁜 일이 생기지 않을 거야.'

베드로의 존재는 비니키우스에게 신비스러운 것이었다. 오스트리아눔에서 베드로의 설교를 처음 들은 그 순간부터 비니키우스는 베드로의 묘한 힘에 감동을 받았다.

'그래, 베드로가 있는 한 리기아는 안전할 거야!'

비니키우스는 이런 생각을 하며 로마 시가지로 말을 몰았다.

불길을 빠져 나오는 피난민들 가운데 원로원 의원인 유니우스가 있었다. 비니키우스는 그에게서 비로소 화재에 대한 자세한 소식을 들을 수 있었다.

"불은 팔라티움 언덕과 캘리우스 언덕 중간 지점인 대투기장 근처에서 일어난 모양이오. 그런데 상상도 할 수 없을 정도로 빨리 번져서, 도시의 중심부는 완전히 불길에 휩싸였다오."

유니우스는 절망적인 목소리로 말했다.

"그럼 강 건너는 어떻습니까?"

비니키우스가 물었다.

"강 건너요? 잘 모르겠습니다. 불은 아직 거기까지는 번지지 않은 것 같습니다. 그리고 당신은 밀고할 사람이 아닌 것 같아서 말해 주는데, 이건 보통 화재가 아닙니다. 불을 끄는 것이 아니라 오히려 부채질을 하는 자들이 있으니 말이오. 지금도 계속 시내를 돌아다니며 불붙은 솜방망이를 집 안으로 던지는 녀석들이 있다고 하오. 사람들은 모두 이 불이 네로 황제의 명령으로 일어난 것이라고 아우성이지요. 로마도 우리 모두도 이제 끝장입니다. 로마 최후의 날이 온 것입니다."

유니우스는 이렇게 말하며 길게 한숨을 내쉬었다.

비니키우스는 유니우스에게 인사를 하고 다시 말을 달렸다.

강 건너는 연기가 자욱했고, 피난민들로 혼잡을 이루고 있었다.

흥분한 사람들은 가족도, 법도, 신분의 차이도 아랑곳하지 않았다. 의지할 곳을 찾느라 모두 아우성이었다. 노예들은 이제껏 당해 온 설움을 갚으려는 듯 저마다 몽둥이를 들고 사람들을 마구 때려서 피를 흘리게 했다. 또 감옥에 갇혀 있던 수많은 죄수들은 건물을 부수고 뛰쳐나와 약탈을 했다.

리누스의 집으로 가는 길로 접어들었을 때, 누군가 비니키우스가 탄 말 엉덩이를 망치로 호되게 내리쳤다. 옷차림으로 비니키우스가 지체 높은 사람이라는 것을 알아차리자, 사람들은 그에게 달려들며 악을 썼다.

"네로와 방화범들을 쳐죽여라!"

더 이상 말을 몰 수가 없다는 것을 알아차리자, 비니키우스는 급히 말에서 내려 어떤 건물의 벽 뒤로 숨었다. 그렇게 꼼짝도 하지 않고 숨어 있다가, 사람들이 지나가자 다시 리누스의 집으로 향했다.

이 혼란 속에서 리기아를 찾아 낸다는 것은 모래밭에서 바늘을 찾는 것보다도 어려운 일이었다. 그러나 그는 목숨을 걸고라도 리누스의 집까지 가야겠다고 결심했다.

마침내 연기의 장막 사이로 리누스의 집 뜰에 있는 사이프러스 나무가 보였다. 건너편 집들은 장작더미처럼 타고 있었으나, 리누스의 작은 집은 아직 불이 붙지 않았다.

비니키우스는 감사한 눈길로 하늘을 쳐다보며, 뜨거운 열기를 헤치고 집 쪽으로 달려갔다.

뜰에는 인기척 하나 없고 집안도 텅 비어 있었다.

비니키우스는 큰 소리로 리기아를 불렀다.

"리기아! 리기아! 어디 있소?"

그러나 리기아는 집 안 어디에도 없었다.

불길은 점차 가까이 다가와 리누스의 집이 있는 골목을 거의 뒤덮고 있었다.

집 밖으로 나오자, 여기저기에서 불덩어리가 날아들었다.

불길은 마치 더운 숨결을 토해 내듯, 그를 뒤쫓기라도 하는 것처럼 앞으로 나아감에 따라 끊임없이 새로운 연기의 구름으로 그를 에워싸든가 그의 머리와 목과 옷 위에 불똥을 튀기든가 했다.

입고 있던 옷이 그슬렸으나, 그는 아랑곳하지 않고 연기에 질식하는 것만을 두려워하며 달리기 시작했다.

연기 속에서 사람들의 외치는 소리가 들려왔다. 비니키우스는 소리가 들려오는 쪽으로 달려갔다. 어쨌든 그 곳에는 사람이 있을 것이므로 도와줄지도 모른다고 생각했던 것이다. 그것이 그의 마지막 안간힘이었다. 온몸에서 힘이 빠져 그는 그 자리에 쓰러지고 말았다.

"사람 살려요! 사람……."

비니키우스는 의식을 잃고 말았다.

두 청년이 비니키우스가 쓰러지는 것을 보고 물을 떠다가 먹여 주었다. 차가운 물이 입 속으로 흘러들어가자, 희미하게 정신을 차린 비니키우스는 두 손으로 물그릇을 움켜잡으며 정신없이 물을 들이켰다.

"고맙소. 좀 일으켜 주시오. 혼자 걷고 싶으니까."

청년들은 비니키우스를 양쪽에서 부축하여 일으켜 주었다. 그리고 다른 사람들이 모여 있는 곳으로 데려다 주었다.

사람들은 그를 에워싸며, 심하게 다치지는 않았느냐고 친절하게 물었다. 비니키우스는 그런 친절한 마음씨에 감동했다.

"당신들은 뭘 하는 사람들이오?"

비니키우스가 물었다.

"불이 포르투엔시스 가도에 번지지 못하도록 집을 부수고 있습니다."

비니키우스는 자기를 에워싸고 있는 사람들을 주의 깊게 살펴보다가 나직한 목소리로 인사를 했다.

"여러분……. 그리스도의 은총이 함께하기를 빕니다……."

그들이 큰 소리로 합창하듯 외쳤다.

"그리스도의 이름에 영광이 있기를!"

비니키우스는 감격하여 눈물을 글썽거렸다. 그들이라면 리누스에 대하여 알고 있을 것 같았다.

"혹시 리누스가 어디 있는지 알고 계십니까?"

비니키우스가 물었다.

그러나 그는 더 이상 물을 수도 답변을 들을 수도 없었다. 흥분한데다가 있는 힘을 다했으므로 지친 나머지 기절하고 말았던 것이다.

간신히 정신을 차렸을 때는 몇 명의 남자와 여자들에게 둘러싸여 있었다. 그는 또다시 물었다.

"리누스는 어디 있습니까?"

잠시 동안 대답이 없었다.

이윽고 그들 가운데서 귀에 익은 목소리가 들려왔다.

"이틀 전에 오스트리아눔으로 가셨습니다. 안심하십시오, 나리!"

비니키우스가 일어나 앉자, 뜻밖에도 눈앞에 킬로의 모습이 보였다. 킬로는 말을 이었다.

"카리내가 온통 불길에 싸였으니, 아마 나리 댁도 모두 불타 버렸을 것입니다. 이게 도대체 무슨 난리란 말입니까? 그리스도 교도들은 벌써부터 로마가 불로 멸망할 것이라고 예언했지요. 리누스는 리기아

아가씨를 데리고 오스트리아눔으로 떠났습니다."

"그들을 만나 보았소?"

비니키우스가 물었다.

"만났습니다. 덕분에 저는 좋은 소식을 가지고 나리를 뵙게 되었지요."

비니키우스는 청년들의 부축을 받으며 직물을 짜는 마크리누스의 집으로 갔다.

마크리누스는 비니키우스의 몸을 씻기고 옷을 갈아입힌 다음, 음식을 주었다.

그리하여 기운을 차린 비니키우스는 킬로와 함께 오스트리아눔으로 향했다.

'그 곳에 가면 리기아는 물론이고 리누스나 베드로도 만날 수 있다. 그들과 함께 어딘가 먼 곳으로, 시칠리아에 있는 영지로 가자.'

얼마 후, 비니키우스와 킬로는 아니쿨렌시스를 거쳐 개선 가도로 향했다.

"로마에 불이 붙기 시작했을 때 당신은 어디에 있었소?"

비니키우스가 킬로에게 물었다.

"대투기장 옆에서 가게를 하고 있는 에우리키우스의 집으로 가는 길이었지요. 제가 그리스도의 가르침을 생각하며 걷고 있는데, 난데없이 '불이야!' 하는 소리가 들려왔습니다. 그 순간, 불기둥이 솟아올랐습니다."

"집집마다 불붙은 솜방망이를 던져 넣는 자들을 보았소?"

"물론 보았습니다. 칼을 휘두르며 군중 사이를 헤치고 가는 자도 보았습니다. 놈들은 아무나 닥치는 대로 목을 베었지요."

리기아가 그런 끔찍한 거리에 있었을지도 모른다고 생각하니, 비니키우스는 소름이 끼쳤다. 그래서 몇 번이나 확인한 사실을 다시 물었다.

"리기아와 리누스를 오스트리아눔에서 분명히 보았소?"

"보고말고요. 제 눈으로 똑똑히 보았습니다. 그런데 나리, 리기아 아가씨를 찾아 낸다면, 설마 이 가난뱅이 늙은이를 모르는 체하시지는 않겠지요?"

"아메리올라에 있는 포도밭이 딸린 집을 주겠소."

"포도밭이 딸린 집이라……. 감사합니다. 정말 감사합니다!"

얼마쯤 가다가 킬로가 나귀를 멈춰 세우고 말했다.

"나리, 좋은 생각이 났습니다. 아그리피나 정원 바로 옆 공터에 네로의 투기장을 건설하려고 돌과 모래를 파낸 갱도가 있습니다. 아시다시피 티베르 강가에는 유대 인들이 많이 살고 있습니다. 그들은 황후마마의 보호를 받으며 총독에게 그리스도 교인들을 박해하라고 압력을 넣고 있습니다. 그래서 그리스도 교인들은 피난처를 찾고 있습니다."

"대체 무슨 말을 하려는 거요?"

"그리스도 교도들은 틀림없이 그 갱도에 숨어서 기도를 하고 있을 것입니다. 그러니까 거기 한번 들러 보자는 겁니다."

"그 말도 그럴 듯하군. 그럼 안내하시오."

비니키우스가 말했다.

킬로는 서슴지 않고 왼쪽으로 돌아 언덕으로 향했다. 주위의 언덕들은 환했으나, 두 사람이 가는 길은 그늘이 졌다.

투기장을 지나 또 한 차례 왼쪽으로 접어들자 골짜기 같은 곳이 있었으나 몹시 어두웠다. 하지만 그 어둠 속에서 비니키우스는 수많은 등불이 반짝이는 것을 보았다.

"바로 저깁니다."

킬로가 말했다.

이윽고 두 사람은 갱도로 들어갔다.

많은 사람들이 무릎을 꿇고 두 손을 위로 쳐들고 있는 모습이 눈에 들어왔다. 리기아와 사도 베드로와 리누스의 모습은 보이지 않았다.

그 순간, 엎드린 신자들의 머리 위에서 침착한 목소리가 들렸다.

"그대들에게 평안이 있을지어다!"

그것은 조금 전에 동굴 안으로 들어온 베드로의 목소리였다.

그러자 사람들은 모두 일어나 베드로를 에워싸며 소리쳤다.

"우리는 당신의 어린양입니다. 우리를 지켜 주시옵소서!"

비니키우스는 사람들을 헤치고 베드로 앞으로 다가가 무릎을 꿇었다.

"스승이시여, 저를 도와주십시오! 리기아를 찾기 위해 불길 속을 헤맸으나 아무 소용이 없었습니다. 하지만 사도님은 리기아를 저에게 돌려보내 주실 수 있으리라 믿습니다."

베드로는 비니키우스의 머리에 손을 얹었다.

"믿음으로 기다리시오. 그리고 나와 함께 갑시다."

비니키우스와 킬로는 베드로를 따라 갱도를 빠져 나왔다.

로마는 여전히 불타고 있었다. 베드로는 그 광경을 바라보며 십자가를 그었다. 그런 다음, 비니키우스에게 말했다.

"걱정 말아요. 이 근처엔 석공들의 오두막이 있는데, 리기아는 그 충실한 하인과 함께 거기에 있을 것이오. 당신을 위해 리기아를 짝으로 정하신 그리스도께서 지켜 주실 겁니다."

비니키우스는 비틀거리며 바위에 손을 짚었다. 이 세상의 그 무엇과도 바꿀 수 없는 사람이 가까이 있어서 곧 만날 수 있다는 말을 듣자, 남아 있는 힘마저 완전히 빠져 버렸던 것이다.

이윽고 그는 베드로의 다리를 얼싸안고 감사의 말을 했다.

베드로는 손을 내밀어 비니키우스를 일으켰다.

"일어서시오. 그것은 모두 그리스도의 은혜입니다."

비니키우스와 베드로는 오른쪽으로 돌아 언덕길을 오르기 시작했다. 가는 도중에 비니키우스가 말했다.

"스승이시여, 제게도 세례를 주시어 그리스도의 참된 신자가 되도록 해 주십시오. 그리스도가 명하신 일은 뭐든지 행하겠습니다. 그 밖에 할 일이 있다면 말씀해 주십시오."

"당신의 이웃을 형제를 사랑하듯 사랑하시오. 오직 사랑만이 그리스도를 위하는 길이오."

베드로가 말했다.

"알겠습니다. 그리스도를 위해서라면 목숨이라도 바치겠습니다."

"하느님께서 그대와 그대의 집에 축복을 내리실 것이오."

두 사람은 다른 계곡 사이로 들어섰다. 그러자 그 끝에 희미한 불빛이 보였다. 베드로가 그 빛을 가리키며 말했다.

"저게 석공의 오두막이오."

얼마 후에 두 사람은 그 집 앞에 이르렀다. 문은 닫혀 있었으나, 창문 대신 뚫린 구멍을 통해 안을 밝히고 있는 불빛을 볼 수 있었다.

검은 그림자가 일어서서 두 사람을 맞아 주었다.

"누구십니까?"

우르수스였다.

"그리스도의 종입니다. 그대에게도 평안이 깃들기를, 우르바누스."

우르수스는 사도의 발 밑에 무릎을 꿇었다. 그리고 비니키우스를 알아보자, 그의 손에 입술을 댔다.

"나리께서도 함께 오셨군요. 어린양의 이름에 축복이 있으라! 리기아 님이 얼마나 기뻐하실까?"

두 사람은 우르수스를 따라 안으로 들어갔다.

리기아는 식사 준비를 하는지 생선을 굽고 있었다.

"리기아!"

비니키우스는 그녀의 이름을 부르며 그녀 곁으로 다가가 두 손을 내밀었다. 그녀의 얼굴에 놀라움과 기쁨의 빛이 떠올랐다. 그녀는 한 마디 말도 없이 비니키우스가 벌린 두 팔 안으로 몸을 던졌다.

비니키우스는 리기아에게 지금까지 그녀를 찾아 헤맨 이야기를 들려주었다. 그러고는 말했다.

"당신을 찾은 이상, 미쳐 날뛰는 군중들이 북적거리고 있는 화제 현장에 그대로 내버려 둘 수는 없습니다. 앞으로 로마에 어떤 재난이 닥쳐올지 그건 하느님만이 아실 겁니다. 그러나 나는 당신과 당신들 모두를 지키겠습니다. 리기아, 안티움으로 가서 배를 타고 시칠리아로 떠납시다. 나는 그 곳에서 당신을 폼포니아 님께 보냈다가 정식으로 결혼하겠소. 여러분도 저와 같이 가십시다. 제 영지는 여러분의 영지, 제 집은 여러분의 집입니다."

리기아는 승낙의 표시로 몸을 굽혀 그의 손에 입을 맞추며 말했다.

"당신 솥은 제 솥이에요."

그것은 결혼식에 임한 신부만이 할 수 있는 말이었다.

비니키우스의 기분은 마치 하늘을 나는 듯했다.

"로마는 앞으로 더욱 혼란스러워질 것이오. 그대는 하느님이 주신 이 여인을 안전한 곳으로 데리고 가시오."

베드로가 비니키우스에게 말했다.

비니키우스는 그 날 리기아를 비롯한 모든 사람들의 축복 속에서 베드로에게 세례를 받았다.

피할 수 없는 잔

황제는 티겔리누스의 전보를 받고 로마로 돌아왔다.

온 로마가 잿더미로 변해 가기 시작하자, 티겔리누스는 황제에게 돌아와서 대혼란을 막아 달라고 청했던 것이다.

로마로 돌아온 황제는 백성들의 마음을 달래기 위해 애썼다.

그러나 황제가 내린 선물이나 원조에도 불구하고, 백성들의 저주와 분노는 가라앉지 않았다. 가족이나 재산을 잃은 자들은 곡식이 배급되고, 경기나 선물을 약속하는 것만으로는 위안이 되지 않았다.

어느 날, 화재를 모면한 티베리우스 궁전에서 회의가 열렸다.

그러나 회의를 시작한 지 여러 시간이 지나도록 아무런 대책도 마련하지 못했다.

"욕심 많고 배은망덕한 무리들이로다. 과자까지 만들 수 있을 정도로 양식이나 숯을 주었는데, 그 이상 무엇을 바란다는 것인가?"

황제가 눈을 치뜨며 말했다.

"복수하려는 겁니다."

티겔리누스가 말했다.

잠시 침묵이 흘렀다. 갑자기 황제가 벌떡 일어서더니, 한 손을 높이 들고 시를 낭송하기 시작했습니다.

마음은 복수를 외치고, 복수는 희생을 구하노라!

"비할 데 없이 뛰어난 시입니다."

몇 사람이 탄복했다.

그 순간, 네로는 마음속으로 정말 민중의 분노를 진정시킬 수 있는 희생물을 찾고 있었다. 그는 마침내 그것을 찾아 냈다.

"티겔리누스, 로마에 불을 지른 건 너야!"

그 자리에 있던 사람들은 몸서리를 쳤다.

티겔리누스는 성난 사자처럼 대꾸했다.

"저는 명령에 따라 불을 지른 것뿐입니다."

두 사람은 악마처럼 서로 노려보았다.

"티겔리누스! 너는 짐을 사랑하는가?"

"폐하께서 잘 아시잖습니까?"

"짐을 위해 희생물이 되어 다오."

"폐하, 폐하께선 어찌하여 먹고 싶지도 않은 달콤한 술을 내리시는 겁니까? 민중은 저마다 불평을 말하고 있습니다. 그런데 폐하께서는 친위군마저 반란을 일으키기를 원하십니까?"

네로의 얼굴이 새파랗게 질렸다. 네로는 티겔리누스가 친위군의 사령관으로서 자신을 위협하고 있다는 사실에 기절할 만큼 놀랐던 것이다.

그 때 노예 에라프로디투스가 급히 뛰어들어와, 황후가 티겔리누스를 찾고 있다고 전했다. 지금 황후의 방에 와 있는 자들의 이야기를 친위군 사령관이 꼭 들어주기를 바란다는 것이었다.

티겔리누스는 황제에게 인사를 하고, 거드름을 피우며 멸시하는 듯한 표정을 지으며 나갔다. 그는 네로가 겁쟁이라는 것을 알고 있었기 때문에 자기에게 맞설 용기가 없으리라 확신했던 것이다.

티겔리누스가 나가자 네로가 탄식하듯 말했다.

"짐은 품 안에 독사를 기르고 있었구나!"

페트로니우스는 독사의 모가지쯤 비트는 것은 간단하다는 듯이 어깨를 으쓱했다.

"페트로니우스, 무슨 좋은 생각이 있는가? 말해 보라."

페트로니우스의 몸짓이 뜻하는 바를 알아차리고 네로가 물었다.

페트로니우스는 "저를 친위군 사령관으로 임명해 주십시오. 그러면 티겔리누스를 성난 시민들에게 넘겨 주고 하루 사이에 백성들을 진정시키겠습니다." 하는 말이 나오려는 것을 간신히 참았다.

친위군 사령관이 되면 직접 황제를 도와 온갖 공적인 일의 책임을 져야만 한다. 무엇 때문에 그런 수고를 하는가? 호사스러운 서재에서 시를 읽는다든가 꽃병이나 조각상을 감상한다든가, 그렇지 않으면 아름다운 에우니케의 금발을 쓰다듬어 주는 것이 오히려 좋지 않은가?

그래서 그는 이렇게 말했다.

"아캐아로 여행하시는 것이 좋을 것 같습니다."

페트로니우스의 말에 네로는 크게 실망했다.

"그대에게서는 더 좋은 답변을 듣고 싶었는데……. 원로원에서는 짐을 증오하고 있다. 만일 짐이 여행을 떠난다면, 그놈들이 반기를 들어 다른 놈을 황제의 자리에 앉힐지도 모른다. 그렇게 되면 백성들도 놈들 편을 들 거야."

그 때 포피아가 들어왔다. 티겔리누스도 오만한 태도로 그 뒤를 따라왔다.

잠시 후 티겔리누스가 천천히, 그러나 힘을 주어 말했다.

"폐하, 좋은 생각이 떠올랐습니다. 지금 백성들에게 필요한 것은 복수와 희생입니다. 한 사람의 희생자가 아니라 몇백 몇천 명이 필요합니다. 폐하께서는 빌라도에 의해 십자가에 못박힌 그리스도가 어떤 자인지 들으신 적이 없으십니까? 또 그리스도 교도가 어떤 놈들인지 모르십니까? 그리스도 교인들은 세상이 불로 망할 것이라면서 떠들고 다녔습니다. 백성들은 그들을 미워하며 의심하고 있습니다. 백성들은 피와 경기를 원하고 있습니다. 그것을 주시면 됩니다."

"그자들은 인류와 폐하의 적입니다."

포피아가 한 마디 거들었다.

그러자 다른 사람들도 일제히 외치기 시작했다.

"정의를 행하시옵소서! 방화자를 처벌하시옵소서! 신들도 복수를 원하고 있습니다."

"그런 죄악에 대해선 어떤 형벌과 고문을 해야 하는가?"

네로가 물었다.

페트로니우스의 얼굴이 별안간 흐려졌다. 사랑하는 조카 비니키우스와 리기아, 그리고 그 가르침을 받아들이고 싶진 않으나 죄가 없는 것만은 분명한 그리스도 교도들을 생각했던 것이다.

이윽고 페트로니우스가 말했다.

"마침내 희생시킬 자가 발견되었다는 말이군요. 참 좋은 생각입니다. 여러분은 그들을 투기장 안에 처넣을 수도 있고 사형수의 옷을 입힐 수도 있습니다. 그것도 좋지요. 그러나 우리는, 로마를 불지른 것은 그들이 아니라는 것만은 스스로에게 인정할 수 있는 용기를 가져야 합니다. 폐하, 폐하께서는 후세 사람들이 폐하에 대해 어떤 판단을 내릴 것인가를 염두에 두셔야만 합니다. 세계의 지배자 폐하, 신이신 폐하는 시를 사랑한 나머지 로마를 불태우신 겁니다. 세상이 생긴 이래 그만한 용기를 가진 사람은 없었습니다. 로마의 화재가 좋은 일이었는지 나쁜 일이었는지는 생각할 필요가 없습니다. 그것은 위대하고 비범한 일입니다. 감히 말씀드립니다만, 민중은 폐하에게 반기를 들지는 않을 것입니다. 저는 그것을 믿고 있습니다. 용기를 가지십시오. 폐하께서 조심하셔야 할 것은, 후세 사람이 다음과 같이 말할지도 모른다는 점입니다. '네로는 로마를 불태웠으나, 옹졸한 황제이며 겁이 많은 시인이었기 때문에 공포에 사로잡힌 나머지 위대한 행위를 스스로 부인하고 죄 없는 사람들에게 누명을 씌웠다.'고 말입니다."

'주사위는 던져진 것이다. 황제가 목숨을 더 아끼려고 하는지, 그렇지 않으면 명예를 더 중하게 여기는지 어디 두고 보자.'

페트로니우스는 마음속으로 중얼거렸다. 그는 결국 황제가 목숨을 아끼는 쪽을 택할 것이라고 확신했다.

"폐하, 이자를 물러가게 하십시오! 폐하께 옹졸한 황제라는 둥, 겁쟁이 시인이라는 둥, 차마 들을 수가 없습니다."

티겔리누스가 황제의 눈치를 보며 외쳤다.

"폐하, 그런 말을 함부로 지껄이는 자를 왜 용서하십니까?"

포피아도 말했다.

"무례한 자를 벌하십시오!"

몇 사람이 그 말에 찬동했다.

네로는 입술을 콧구멍까지 치켜올리고 눈을 반짝이면서 페트로니우스 쪽을 보았다.

"페트로니우스는 짐의 동지이며 친구이다. 짐의 마음에 상처를 주긴 했으나, 짐으로서는 그를 용서하고 싶다."

이윽고 황제는 자리에서 일어났다. 회의는 끝났다.

페트로니우스가 돌아간 후, 네로는 포피아, 티겔리누스와 함께 포피아의 방으로 갔다. 그 방에는 티겔리누스가 아까 만나 본 사람들이 기다리고 있었다.

유대 교의 율법 박사와 그 조수, 그리고 킬로였다.

"너희들은 로마에 불을 지른 것이 그리스도 교인들이라고 생각한단 말인가?"

황제가 그들에게 물었다.

"그리스도는 이 지상의 모든 인간을 몰살시키고, 모든 도시를 멸망시키지만, 만일 신자들이 데우칼리온의 후손(로마 인)들을 몰살하는 일을 도와준다면 그들만은 살아남도록 해 주겠다고 약속했답니다. 그리스도는 십자가에 못박혔지만, 로마가 멸망하면 부활하여 그리스도 교인들이 로마를 다스리도록 해 준다고 했답니다."

킬로가 대답했다.

"이것으로 민중들도 로마가 불태워진 까닭을 알 수 있을 겁니다."

티겔리누스가 거들었다.

"저는 진리를 탐구하다 보니 그리스도 교도들에게 접근하게 되었습니다. 그런데 맨 먼저 알게 된 글라우쿠스라는 의사는 사도인 베드로가 신도의 머리에 뿌리는 데 필요한 피를 얻기 위해 어린아이의 목을 베었습니다. 폼포니아 그래키나의 양녀인 리기아는 어린애를 죽이거나 하진 않았지만, 어린애가 죽도록 하는 비법을 안다고 자랑하고 있었지요. 황녀를 마술로 죽였다는 말을 한 적도 있습니다."

"그게 사실인가?"

네로가 외쳤다.

"황녀에 관한 말을 들었을 때, 저는 그 여자를 단도로 찔러 죽이려고 했습니다. 그러나 유감스럽게도 그 여자를 사랑하는 귀족인 비니키우스 님 때문에 그럴 수가 없었습니다."

킬로가 말했다.

"비니키우스?"

"그렇습니다."

"그렇다면 페트로니우스도 마찬가지가 아니겠느냐?"

티겔리누스가 물었다.

"그렇습니다."

"폐하, 황녀의 원수를 갚아 주옵소서!"

포피아가 말했다.

"서두르셔야 합니다! 그렇지 않으면 비니키우스 님이 그 아가씨를 숨겨 버리고 말 것입니다. 화재 후에 그 아가씨가 묵고 있는 집을 가르쳐 드리겠습니다."

킬로가 말했다.

페트로니우스는 황제 앞에서 물러나오자 카리내에 있는 집으로 가마를 몰게 했다.

자기 집이 타 버린 비니키우스는 페트로니우스의 저택에 묵고 있었는데, 마침 집에 있었다.

"오늘 리기아를 만났니?"

페트로니우스는 집에 들어서자마자 비니키우스에게 물었다.

"방금 그 사람 집에서 오는 길입니다."

"내 말을 잘 들어라, 비니키우스. 황제는 로마를 불태운 죄를 그리스도 교인들에게 뒤집어씌우기로 결정했다. 곧 그들에 대한 체포령이 내릴 것이다. 너는 리기아를 데리고 당장 알프스를 넘어 아프리카 쪽으로 도망가도록 해라. 서둘러야 한다."

비니키우스는 쓸데없는 질문으로 시간을 낭비하지 않았다.

"곧 떠나겠습니다."

"또 한 마디 해 둘 것은 상자에 금화를 넣어 가지고 가라는 것이다. 그리고 무기를 가지고 같은 그리스도 교도 몇 사람을 데리고 가는 것이 좋다. 만일의 경우에는 싸워야 할 때도 있을 테니까."

비니키우스는 이미 아트리움을 나가고 있었다.

"이따금 하인을 시켜 소식을 전해라!"

페트로니우스가 뒤에서 소리쳤다.

그러나 비니키우스는 그날 밤 다시 페트로니우스의 집으로 왔다.

"리기아는 오전에 체포되었습니다."

비니키우스가 말했다.

"어디로 끌려갔다더냐?"

"마메르티누스 감옥입니다."

페트로니우스는 몸을 부르르 떨더니, 무엇인가 물어 보려는 눈길로 비니키우스를 바라보았다.

"리기아가 체포될 때 우르수스는 뭘 하고 있었다더냐?"

"친위군 병사가 50명이나 온데다가, 리누스가 저항하지 말라고 했답니다."

"리누스는 어찌 되었어?"

"죽어 가고 있습니다. 그래서 붙잡혀 가지 않았습니다."

"앞으로 넌 어떻게 할 생각이냐?"

"리기아를 구출하든가, 아니면 같이 죽겠습니다. 저도 그리스도 교도니까요."

비니키우스의 목소리는 절망으로 떨리고 있었다.

"그리스도 교도를 사자에게 던져라!"

이런 외침은 로마의 모든 지역으로 퍼져 가고 있었다. 이제는 그들이 로마에 불을 질렀다는 것을 누구도 의심하지 않았다. 그들에 대한 형벌이 재미있는 구경거리가 되리라고 예상했기 때문이다.

그런 가운데 그리스도 교도가 죽게 될 장소인 거대한 목조 원형 경기장 건설이 시작되었다.

마음이 급해진 비니키우스와 페트로니우스는 여기저기 돈을 뿌리고,

대신들을 만나고 아크테를 만나는 등, 리기아의 구출을 위해 생각해 낼 수 있는 모든 수단을 다 썼다. 그러나 모두 부질없는 노릇이었다.

어느덧 원형 경기장이 완공되었다. 입장권도 이미 나누어 주었다.

비니키우스는 마침내 베드로를 찾아 나섰다.

살라리아 문 밖 포도원에서 그리스도 교도들의 집회가 열리는데, 그곳에 베드로가 올 예정이라는 사실을 그가 세례를 받았던 오두막 주인인 석공이 알려 주었던 것이다.

비니키우스는 베드로를 만나자마자 그의 발 밑에 엎드렸다.

사도는 비니키우스라는 것을 알아차리자 곧 이렇게 말했다.

"내 아들이여, 그대의 소망을 말하시오."

그러나 비니키우스는 두 손으로 사도의 다리를 끌어안고 흐느끼면서 그 발에 이마를 비비대며 말없이 자비를 구할 뿐이었다.

사도는 말했다.

"알고 있습니다. 그대의 사랑하는 아가씨가 끌려갔습니다. 그 사람을 위해 기도하십시오."

"스승이여, 저는 벌레만도 못합니다만, 스승께선 그리스도를 알고 계십니다. 제발 그 여자를 위해 그리스도에게 기도해 주십시오."

비니키우스는 사도의 다리를 더욱 힘있게 끌어안으면서 중얼거렸다.

그리고 괴로운 나머지, 나뭇잎처럼 몸을 떨면서 이마를 땅에 대었다. 그는 사도의 힘을 알게 되었으므로, 리기아를 자기에게 다시 돌려보내 줄 수 있는 사람은 베드로밖에 없다는 것을 확신하고 있었다.

베드로는 그가 괴로워하는 것을 보고 마음이 아팠다. 그는 전에 리기아가 크리스푸스로부터 나무람을 들을 때 비니키우스와 마찬가지로 자기 발 밑에 엎드려 용서를 구했던 일을 생각해 냈다. 그리고 자기가 그녀를 일으키면서 위로했던 것을 생각하고, 지금도 비니키우스를 일으켜

세웠다.

"비니키우스, 그대에겐 믿음이 있습니까?"

베드로가 물었다.

"스승이여, 그렇지 않다면 제가 왜 여기 왔겠습니까?"

"그렇다면 끝까지 믿으시오. 믿음은 산도 움직이게 합니다. 리기아가 사자의 턱 밑에 있더라도 그리스도께서 그녀를 구원해 주실 것을 믿어야 합니다. 그리스도를 믿고 기도하시오. 나도 당신과 함께 기도할 겁니다."

그리고 그는 하늘을 우러러보며 소리를 높여 기도했다.

"자비로우신 그리스도여! 이 괴로운 마음을 지켜보시고 위로해 주십시오. 당신 입에서 쓴 잔을 치워 달라고 기도하신 그리스도여, 여기 있는 당신의 종의 입에서도 쓴 잔을 치워 주십시오. 상처받은 이 어린양의 마음에 위안을 내리시고, 그를 고통스럽게 하는 폭풍을 거두어 주옵소서!"

비니키우스도 기도했다.

"그리스도여, 그 사람 대신 저를 데려가 주십시오!"

비니키우스는 베드로와 헤어진 다음, 다시 희망과 용기를 얻어 감옥으로 리기아를 찾아갔다.

그러나 감옥에는 누구를 막론하고 출입할 수 없다는 황제의 경고문이 붙어 있었다.

기운 없이 돌아오던 비니키우스는 떠들썩한 소리에 뒤를 돌아보았다.

"나리가 나가신다! 모두 비켜라!"

노예 4명이 가마를 메고 소리를 지르며 다가오고 있었다.

사람들 때문에 쉽게 앞으로 나오지 못하자, 이번에는 가마 안에 있던 사나이가 고개를 내밀며 소리쳤다.

"저자들을 비키게 하라!"

그 순간, 그 사나이와 비니키우스의 눈이 마주쳤다. 그는 다름 아닌 킬로였다.

비니키우스는 천천히 가마 앞으로 가서 킬로에게 말을 건네었다.

"오랜만이오!"

킬로는 거만한 얼굴로 비니키우스를 내려다보았다.

"오, 비니키우스! 잘 있었나? 지금은 바쁘니 우리 다음에 만나세. 나의 절친한 친구 티겔리누스와 만나기로 해서 가는 길이거든. 무엇이든 부탁이 있으면 에스카리네에 있는 내 집으로 오게."

그리고 그는 노예들을 재촉하여 가 버렸다.

그 뒷모습을 보며 비니키우스는 넋나간 사람처럼 자리에 서 있었다.

순교자들

마침내 대경기가 열리는 날이 왔다.

이 경기는 그 규모나 희생자의 수로 보아 지금까지 있었던 어떤 경기보다도 훨씬 잔인할 것이라는 소문이 나돌았다. 경기장에 나올 표범과 사자들에게는 이틀 동안 아무것도 주지 않은 채, 눈앞에 피가 뚝뚝 떨어지는 고깃덩어리를 보여 주기만 했다는 것이었다.

날이 밝자, 경기장 안에서는 차분하고 조용한 찬송가가 흘러나왔다.

경기장 밖에서 입장을 기다리던 사람들이 그 소리를 듣고 술렁거렸다.

"그리스도 교도다!"

밤새 수많은 그리스도 교인들이 끌려온 것이었다.

마차가 관을 싣고 나타났다. 그 관은 그날의 희생자 수를 미리 알려 주는 끔찍한 것이었다.

이윽고 경기장의 문이 열리자, 구경하려는 사람들이 물밀듯이 안으로 몰려들어갔다. 그러나 워낙 수가 많아서 몇 시간이나 줄을 이었다. 사람 냄새를 맡고 잔뜩 굶주린 맹수들은 미친 듯이 울부짖었다.

순찰대를 거느리고 장관이 나타나고, 원로원 의원, 집정관, 대법관, 친위대 지휘관, 귀족, 귀부인들이 탄 가마가 잇따라 들어왔다.

이제 황제만 나타나면 경기가 시작될 것이다.

황제는 군중의 환심을 사고 싶었기 때문에, 잠시 후에 황후 포피아와 여러 신하들을 거느리고 나타났다. 그 중에는 킬로도 있었다.

비니키우스도 페트로니우스와 함께 왔는데, 그는 경기장 인부들에게 뇌물을 주고 첫날의 구경거리로 정해진 희생자들 가운데 리기아가 있는지 알아보기로 했다.

인부들은 자기들이 나온 조그만 문으로 비니키우스를 들여보내 주었다. 그들 중 한 명이 비니키우스를 그리스도 교도들이 있는 곳으로 안내했다.

그 곳은 천장이 낮고 어두웠다. 처음에는 아무것도 보이지 않았다. 그러나 잠시 후 어둠에 익숙해지자, 늑대나 곰과 닮은 이상한 모습의 인간들이 눈에 띄었다. 짐승 가죽을 뒤집어쓴 그리스도 교도들이었다.

그 사이를 돌아다니며 비니키우스는 리기아와 우르수스의 이름을 번갈아 불렀다. 누군가 두 사람을 알고 있는 자가 대신 대답해 주리라고 믿은 것이다. 아니나다를까, 곰가죽을 뒤집어쓴 사람이 그의 옷자락을 잡아당겼다.

"나리, 그 사람들은 아직 감옥에 남아 있습니다. 제가 마지막으로 나왔는데, 그 때 리기아는 아파서 누워 있었습니다."

"당신은 누구요?"

비니키우스가 물었다.

"나리가 사도님에게 세례를 받으셨던 오두막의 석공입니다. 사흘 전에 붙잡혔는데, 오늘 이리로 끌려왔습니다."

"당신에게 구세주의 은총이 있기를 빌겠소."

비니키우스가 말했다.

"고맙습니다. 나리께서도 편안하시길 빌겠습니다."

비니키우스는 지하 감방을 나와 경기장으로 갔다. 그의 자리는 페트로니우스의 옆에 있었다.

"있더냐?"

페트로니우스가 물었다.

"없었습니다. 아직 감옥에 남아 있답니다."

"잘 들어라. 오늘 밤 리기아가 죽은 것처럼 꾸며, 관에 넣어 감옥에서 운반해 내도록 해라. 그 나머지는 네가 알아서 처리해."

페트로니우스가 비니키우스의 귀에다 대고 말했다.

그 때, 눈부시게 치장을 한 부하들을 거느리고 미리 경기장을 한 바퀴 돈 장관이 손수건으로 신호를 보냈다. 경기의 시작을 알리는 것이었다.

"와아!"

관중들이 일제히 함성을 질렀다.

검투사들의 피비린내 나는 경기에 이어, 마침내 그리스도 교도의 차례가 되었다.

장관이 신호를 보내자, 경기장 전체가 술렁거리기 시작했다.

"그리스도 교도다! 그리스도 교도야!"

쇠창살을 사이에 두고 캄캄한 출구 안쪽에서 누군가 소리쳤다.

"모래사장으로!"

잠시 후, 경기장 한가운데 있는 모래사장은 짐승의 가죽을 뒤집어쓴 사람들의 무리로 뒤덮였다.

그들은 모두 흥분한 것처럼 재빨리 달려나왔으나, 모래사장에 이르자 나란히 무릎을 꿇고 두 손을 위로 올렸다.

관중들은 그것을 동정을 구하는 표시로 생각했는지, 분개하여 발을 구르고 휘파람을 불면서 저마다 소리를 질렀다.

"맹수를 풀어 놓아라! 맹수를 빨리 끌어 내!"

그러자 갑자기 뜻하지 않은 일이 일어났다. 짐승 가죽을 뒤집어쓴 무리들 속에서 노랫소리가 흘러나왔던 것이다.

"주께서 다스리시네……."

관중들은 깜짝 놀라 서로의 얼굴을 바라보았다.

그리스도 교인들의 목소리에서는 희망이 느껴졌다. 그들에게는 경기장도, 관중도, 원로원 의원이나 황제까지도 안중에 없는 것 같았다.

"주께서 다스리시네!"

그들의 목소리는 더욱 높아져 갔다.

그 때, 며칠 굶은 사나운 개 떼들이 경기장으로 쏟아져 들어왔다. 하지만 그리스도 교도들은 계속 찬송가를 부르고 있었다.

"그리스도를 위하여, 그리스도를 위하여!"

드디어 개 떼들과 그리스도 교인들이 한 덩어리가 되어 땅 위를 뒹굴었다. 잔인하게 살을 찢긴 사람들의 몸에서 피가 솟구쳤다. 경기장은 금세 피바다가 되었다.

비니키우스는 그 처참한 광경을 보며 의식이 가물가물해져, 자기가 지금 어디 있는지조차 알 수 없었다. 다만 모래사장의 피가 점점 불어나다가 경기장에서 넘쳐 로마 시 전체에 가득 찰 것 같은 느낌이 들 뿐

이었다. 이제는 개들의 짖는 소리도, 관중들의 아우성도 들리지 않았다.

　그런데 갑자기 대신들 사이에서 이런 소리가 들려왔다.

　"킬로가 기절했다!"

　"킬로가 기절했다고?"

　페트로니우스는 고개를 돌려 그리스 인 쪽을 돌아보았다.

　킬로는 정말 기절해 있었다. 핏기 없는 얼굴로 고개를 젖히고 입을 크게 벌리고 있는 모습은 마치 죽은 사람 같았다.

　그 때, 짐승 가죽을 뒤집어쓴 새로운 희생자들이 또 경기장으로 끌려나왔다. 그들도 역시 무릎을 꿇고 찬송가를 불렀다. 이번에는 개 떼들도 지쳤는지 덤벼들지 않았다.

　황제가 명령했다.

　"사자들을 풀어라!"

굶주려 있던 사자들은 어린아이나 어른을 가리지 않고 마구 공격했다.

관중들의 흥분된 함성과 박수 소리, 어린아이들의 찢어지는 듯한 비명, 사자들의 으르렁거리는 소리로 경기장은 거대한 소용돌이에 휩싸였다. 그야말로 생지옥이었다.

황제는 에메랄드 구슬을 눈에 댄 채 열심히 그 광경을 지켜보고 있었다. 페트로니우스의 얼굴에는 혐오와 경멸의 빛이 떠올라 있었다. 킬로는 이미 다른 곳으로 옮겨진 뒤였다.

새로운 희생자들은 계속 경기장 안으로 쏟아져 들어왔다.

관중 속에 끼여 있던 베드로는 기도를 했다.

"오, 주여! 뜻이 이루어지기를 빕니다. 주의 영광을 위하여, 진리에 대한 증거를 보여 주기 위하여 지금 어린양들이 처참하게 죽어 가고 있습니다. 주님께서는 저에게 그들을 다스리라고 명하셨습니다. 이제 그들을 다시 주께 맡깁니다. 주여, 그들을 받아 주시고, 치료해서 고통을 덜어 주소서!"

그러고는 한 사람 한 사람, 한 무리 한 무리씩 마치 자기 자식들을 직접 그리스도의 손에 돌려주듯이 축복했다.

해가 기울자, 마침내 그 날의 경기가 끝났다.

바람이 통하도록 열어 둔 입구 쪽에서 수레바퀴 소리가 들려왔다. 수레에 실려 있는 것은 남녀와 어린아이까지 포함한 그리스도 교도들의 피투성이가 된 시체로서, 지하의 무덤으로 운반되어 가고 있는 것이었다.

베드로는 떨리는 두 손으로 머리를 감싸며 마음속으로 부르짖었다.

'주여, 주여! 당신은 이 세상의 지배권을 누구에게 주셨나이까? 어찌하여 이런 곳에다 당신의 도시를 세우려고 하십니까?'

군중들은 경기장을 떠나 시가지 쪽으로 흩어져 가고 있었다.

페트로니우스와 비니키우스는 아무 말 없이 집으로 돌아오고 있었다.

저택 근처에 이르렀을 때 페트로니우스가 말했다.

"나는 반드시 리기아를 구출해 내어 황제와 티겔리누스를 놀라게 해 줄 거다. 이건 생명을 걸고라도 이겨야만 하는 내기와 같은 거다."

"외삼촌께 그리스도의 축복이 있기를 빌겠습니다."

비니키우스가 말했다.

그들이 저택 문 앞에서 가마를 내리자, 검은 그림자가 다가왔다.

"비니키우스 나리시죠?"

"그렇다. 그런데 그대는 누군가?"

비니키우스가 물었다.

"저는 미리암의 아들인 나자루스입니다. 감옥에서 리기아 님의 소식을 가지고 왔습니다."

비니키우스는 나자루스의 어깨에 손을 얹고, 아무 말도 못한 채 상대방의 눈을 바라보았다.

나자루스는 그의 입술에서 나올 듯한 질문을 눈치채고 대답했다.

"아직 살아 계십니다. 병 때문에 열에 들떠 있으면서도, 기도를 드리며 나리의 이름을 되풀이해서 부르고 있다는 말을 전하라고 우르수스가 시켜서 왔습니다."

"그리스도의 이름에 영광이 있기를. 그리스도만이 그 사람을 내게 돌려주실 힘이 있으시다."

그리고 비니키우스는 나자루스를 집 안으로 데리고 들어갔다.

"그분은 병 덕분에 욕을 보지 않게 되었습니다. 우르수스와 의사인 글라우쿠스가 밤낮으로 간호하고 있습니다."

"넌 누구지?"

페트로니우스가 물었다.

"비니키우스 님이 잘 알고 계십니다. 전에 리기아 님이 묵고 있던 집의 홀어머니의 아들입니다."

"너도 그리스도 교도이냐?"

소년은 무엇인가 묻고 싶은 눈길로 비니키우스를 쳐다보았으나, 그가 기도하고 있는 것을 보더니 고개를 쳐들고 대답했다.

"그렇습니다."

"감옥엔 어떻게 자유롭게 드나들 수 있느냐?"

"저는 시체를 운반하는 일을 돕고 있습니다. 형제들에게 도움이 되고, 시내의 동정도 알려 주고 싶어 자진하여 그 일을 하고 있습니다."

나자루스가 대답했다.

비니키우스는 나자루스에게, 간수들을 매수하여 리기아가 죽은 것처럼 관 속에 넣어 밖으로 운반할 수 있겠느냐고 물었다.

나자루스는 그런 일쯤은 문제 없다면서, 약속 장소를 정하고 감옥으로 돌아갔다.

리기아를 감옥에서 데리고 나오기로 한 날, 밤이 되자 폭우가 쏟아지기 시작했다.

"서둘러야겠습니다. 비 때문에 시체를 일찍 실어 나를지도 모르니까요."

비니키우스가 페트로니우스에게 말했다.

"그래야겠다! 어서 가 보자."

페트로니우스와 비니키우스는 서둘러 나자루스와 약속한 장소로 갔다.

그러나 어둠 속에서 만난 나자루스는 비통한 목소리로 말했다.

"놈들이 리기아 님과 우르수스를 에스퀼리누스 감옥으로 옮겼습니다. 그래서 할 수 없이 다른 시체가 든 관을 메고 나왔습니다."

에스퀼리누스 감옥은 로마가 불타고 있을 때 파괴된 건물에서 모은 낡은 재목들로 급하게 만든 곳이었기 때문에, 무척 어둡고 침침했다. 그 대신 경비는 다른 곳보다 몇 배나 더 삼엄했다.

리기아를 에스퀼리누스 감옥으로 옮긴 것은 티겔리누스가 꾸민 짓이었다. 그녀가 전염병으로 죽으면, 예정한 대로 경기장에 내보낼 수 없을 것이기 때문이리라.

아직 어두워지려면 시간이 있었으나, 사람들의 물결은 벌써 황제의 정원으로 밀려오기 시작했다.

그 곳에서는 감옥에 있던 그리스도 교인들에 대한 화형식이 있을 예

정이었다. 그것은 그리스도 교도들을 모조리 없애는 한편 감옥에서 시
내로 퍼져 나갈 전염병을 예방하기 위해 황제와 티겔리누스가 꾸민 일
이었다.

외출복을 입고 화관을 쓴 채 황제의 정원에 발을 들여놓은 군중들은
놀란 나머지 말문이 막혀 버렸다. 나무 사이나 풀밭, 관목의 숲, 연못,
양어장, 화단 사이에 있는 길마다 송진을 바른 기둥이 세워졌는데, 그
기둥에 그리스도 교도들이 묶여 있었던 것이다.

그 수는 사람들의 예상을 훨씬 넘어선 것이었으므로, 로마 시민과 황
제를 즐겁게 하기 위해 로마 사람 전부가 기둥에 묶여 있는 것이 아닌
가 생각될 정도였다.

밤의 장막이 내리자, 횃불을 손에 든 노예들은 구경거리의 시작을 알
리는 나팔 소리와 동시에 일제히 기둥에 불을 질렀다.

정원 안은 곧 처참한 신음 소리와 고통스러운 외침으로 가득 찼다.
그러나 희생자 중의 많은 사람들은 별이 반짝이는 하늘을 쳐다보며 그
리스도를 찬양하는 노래를 부르기 시작했다.

황제는 네 필의 흰 말이 끄는 화려한 경주용 전차를 타고 군중들 사
이에 그 모습을 드러냈다. 그는 티겔리누스와 킬로를 곁에 거느리고 있
었다.

이윽고 네거리 한복판에 있는 큰 분수 곁에 이르자, 황제는 전차에서
내려 신하들을 거느리고 군중 속으로 들어갔다. 군중들은 환성과 박수
로 그를 맞이했다.

네로와 신하들은 담쟁이덩굴이 뻗어 올라간 높은 기둥 앞에 섰다. 빨
간 불의 혓바닥은 이미 희생자의 무릎을 핥고 있었는데, 연기에 가려
얼굴은 분간할 수 없었다. 그런데 갑자기 산들바람이 연기를 몰아 내자
흰 수염을 가슴까지 늘어뜨린 노인의 얼굴이 드러났다,

그 얼굴을 본 순간, 킬로의 입에서는 마치 까마귀 울음소리 같은 외마디 소리가 터져 나왔다.

"글라우쿠스다! 글라우쿠스!"

과연 타오르는 기둥 위에서 글라우쿠스가 킬로를 내려다보고 있었다. 그는 아직 살아 있었다.

킬로는 몸을 돌려 도망치려고 했으나 그럴 힘마저 없었다. 다리가 납덩이가 된 듯하고, 또 뭔가 보이지 않는 손이 인간 이상의 힘으로 자기를 이 기둥 앞에 세워 두고 있다는 느낌이 들었다. 돌처럼 굳어져 있던 킬로가 갑자기 두 손을 위로 치켜들면서 가슴이 찢어지는 듯한 목소리로 부르짖었다.

"글라우쿠스! 그리스도의 이름으로 나를 용서해 주시오!"

주위는 찬물을 끼얹은 듯이 조용해졌다. 그 자리에 서 있는 자들은 몸을 떨며 기둥 위를 쳐다보았다.

순교자는 조용히 고개를 끄덕였다. 그리고 기둥 꼭대기에서 신음하는 듯한 목소리가 들려왔다.

"당신을 용서하겠소……."

킬로는 땅바닥에 엎드려 짐승처럼 울부짖으며, 두 손으로 흙을 움켜쥐고 그것을 자기 머리 위에 뿌렸다.

잠시 후, 킬로는 일어섰다. 그의 얼굴은 딴사람이 아닌가 의심할 정도로 변해 있었다. 그의 눈은 이상하게 빛나고, 주름잡힌 이마에는 황홀감이 넘치고 있었다.

그는 군중 쪽을 향해 오른손을 높이 쳐들고 큰 소리로 외쳤다.

"로마 시민 여러분! 지금 죽어 가는 사람들에게는 아무 죄가 없습니다! 방화범은 바로 저 사람입니다!"

이렇게 말하며 그는 황제를 가리켰다.

잠시 침묵이 흘렀다. 신하들의 표정이 굳어졌다. 킬로는 떨리는 팔을 그대로 든 채 꼼짝도 하지 않고 서 있었다. 그러자 갑자기 혼란이 일어났다. 군중들은 킬로의 주위로 몰려와서 그를 자세히 보려고 했다.

여기저기서 "체포하라!" 하는 고함 소리가 들려왔다. 그 소리에 섞여 "아아, 우리는 속았다." 하고 외치는 소리도 들려왔다.

"붉은 수염, 제 어미를 죽인 놈! 방화범."

그런 소리가 군중 사이에서 흘러나왔다.

흥분한 군중들은 와 밀려와서 킬로를 정원 한구석으로 데리고 갔다.

시커멓게 탄 기둥들이 정원 바닥에 쓰러지기 시작했고, 연기와 불똥과 나무 타는 냄새와 사람의 살 타는 냄새가 길을 가득 메웠다. 게다가 각등마저 꺼져 버렸다. 정원 안은 어둠에 잠겼다.

불안과 놀라움에 사로잡힌 군중은 문을 향해 밀려갔다. 조금 전의 사건이 꼬리에 꼬리를 물고 과장되어 입에서 입으로 전해졌다. 황제가 기절했다, 로마를 불태운 것을 스스로 자백했다, 죽은 사람처럼 되어 전차에 실려 나갔다는 등의 소문이 떠돌았다.

군중들이 거의 다 집으로 돌아간 뒤에도 킬로는 정원 안을 헤매고 있었다. 어디로 발길을 돌려야 할지 알 수가 없었다.

그가 글라우쿠스가 숨을 거둔 분수 곁으로 발길을 돌렸을 때, 누군가 그의 어깨를 잡았다. 뒤를 돌아보니, 알지도 못하는 사람이 서 있었다. 그는 자기도 모르게 소리를 질렀다.

"뭐요? 당신은 누구요?"

"타르수스의 바울이오."

"저는 저주받은 사람입니다. 제게 무슨 할 말이 있으십니까?"

"당신을 구원해 주고 싶습니다."

"제가 어떤 짓을 했는지 아십니까?"

"나는 당신이 고민하는 것을 보았고 진실을 말하는 것도 들었습니다."

"오, 스승이여……"

그는 바울의 발 밑에 엎드렸다.

"오, 주여! 저를 용서해 주시옵소서!"

그러자 바울은 분수로 다가가서, 한 손으로 물을 떠 가지고 킬로에게 돌아왔다.

"킬로여, 성부와 성자와 성신의 이름으로 당신에게 세례를 주노라! 아멘."

킬로는 얼굴을 쳐들고 두 손을 벌린 채 꼼짝도 하지 않았다.

그날 밤, 집으로 돌아간 킬로는 티겔리누스가 보낸 자들에게 체포되었다. 티겔리누스는 킬로에게 내일 경기장에 나가서, 그 때는 술에 취해 정신이 없었다, 그리고 방화범은 그리스도 교도라고 증언한다면 풀어 주겠다고 말했다. 그러나 킬로는 취소할 수 없다고 버티다가 끔찍한 고문을 당한 끝에, 그 이튿날 경기장에서 십자가에 못박혀 죽고 말았다.

거인과 들소

어느 날 밤, 원로원 의원인 스캐비누스가 페트로니우스를 찾아왔다. 페트로니우스와 스캐비누스는 매우 친하여, 언제나 마음을 터놓고 이야기하는 사이였다.

"나는 비니키우스를 위해 어떤 처녀를 구해 주고 싶은데, 내 마음대로 안 되는군. 아무튼 나는 붉은 수염의 총애를 잃었으니까."

페트로니우스가 말했다.

"황제는 지금 또 아캐아로 가서 자기가 지은 시를 낭송하려 한다네.

이번 여행에 큰 기대를 걸고 있으면서도, 혹시 그 곳 사람들로부터 혹평을 받을까 두려워서 그 일정을 늦추고 있는 것 같아. 이런 때 자네보다 더 적절한 조언자는 없겠지. 자네도 모레 네르바의 집에서 열리는 연회에 참석하겠지? 그 자리에서 황제에게 비니키우스 일을 한 번 말해 보지 그러나?"

스캐비누스가 돌아간 다음, 페트로니우스는 생각에 잠겼다.

'음, 모레라……. 마지막 남은 그리스도 교도가 경기장에 나오는 날이다. 그렇다면 한시도 지체할 수가 없어. 스캐비누스 말대로 황제는 아캐아에서는 내가 필요할 테니까, 어쩌면 내 부탁을 들어줄지도 몰라.'

과연 황제는 네르바의 집에서 열린 연회에서 페트로니우스에게 자기 맞은편 자리에 앉으라고 명령했다.

"짐은 그리스에 가야만 비로소 태어난 느낌이 든다."

황제가 말했다.

"폐하께서는 그리스에서 새로운 영광을 얻으실 것입니다."

페트로니우스가 말했다.

"짐도 그렇게 되기를 원한다. 성공을 하고 돌아오면, 지금까지 어떤 신도 받아 본 적이 없을 만큼 훌륭한 황소 100마리를 아폴론 신에게 제물로 바칠 생각이다."

"폐하, 그 전에 결혼식의 피로연을 갖고, 특별히 폐하를 초대하고자 하오니 허락해 주십시오."

"결혼 피로연? 누구의 결혼식인가?"

네로가 물었다.

"비니키우스와 폐하의 인질인 리기아의 결혼식입니다. 사실 그 처녀는 지금 감옥에 있는데, 원칙대로 하자면 인질인 이상 감옥에 가둘 수가 없는 것입니다. 게다가 폐하께서 친히 비니키우스에게 그 처녀와 결혼할 것을 허락하신 바 있습니다. 폐하께서 그 처녀를 감옥에서 내보내라는 명령을 내려 주시면, 제가 약혼자인 비니키우스에게 보내려고 합니다."

"그래, 알고 있다! 짐도 마침 그 처녀와 크로토를 죽인 그 거인에 대해 생각하고 있는 중이야."

네로는 당황하여 눈을 내리깔며 말했다.

"그럼 그 두 사람은 구제가 된 셈입니다."

페트로니우스가 조용히 말했다.

그러자 티겔리누스가 재빨리 끼여들었다.

"그 처녀는 폐하의 뜻에 따라 감옥에 갇힌 걸세."

"리기아가 투옥된 것은 만민법을 모르는 자네의 실수였지. 너그러우신 폐하의 뜻과는 다른 처사였네."

페트로니우스가 힘주어 말했다.

그러나 네로는 이미 침착성을 되찾았다. 그는 근시인 눈을 가느다랗게 뜨면서, 뭐라고 말할 수 없는 심술궂은 표정을 지었다.

"페트로니우스의 말이 맞아! 리기아를 위해 내일 감옥 문을 열도록 하겠다. 피로연에 관해서는 모레 경기장에서 상의하자."

'또 내가 졌구나.'

페트로니우스는 생각했다.

집으로 돌아온 페트로니우스는 리기아의 목숨도 이젠 끝났다고 확신했다. 그래서 다음 날 믿을 수 있는 해방 노예를 시체 안치소로 보냈다. 최소한 시체만이라도 비니키우스에게 내주고 싶었던 것이다.

마지막 남은 그리스도 교도들이 다 처형된다는 소문에 사람들은 또다시 원형 경기장으로 몰려들었다. 이번에는 저녁에 열리는 야간 투기였다. 이윽고 철문이 열리고 우르수스가 환한 빛을 받으며 모래사장으로 걸어나왔다.

그는 모래사장에 무릎을 꿇고 두 손을 모아 기도했다.

관중들은 그런 태도가 마음에 들지 않았다. 그들은 양처럼 죽어 가는 그리스도 교도에 싫증이 나 있었다. 여기저기서 불평하는 소리가 터져 나왔다.

그러나 곧 나팔 소리와 함께 게르마니아 산 들소가 무서운 기세로 달려나왔다. 그런데 들소의 두 뿔 사이에는 알몸이 된 여인이 매달려 있었다. 그 여자는 바로 리기아였다.

"리기아! 리기아!"

비니키우스가 소리쳤다.

그는 관자놀이께의 머리카락을 두 손으로 쥐어뜯으며 창에 찔린 사람처럼 몸을 구부리고 짐승과 같은 목쉰 소리로 되풀이해서 울부짖었다.

"믿습니다! 그리스도여, 기적을 베푸시옵소서!"

페트로니우스는 옷으로 비니키우스의 눈을 가려 주었다.

갑자기 경기장 안이 조용해졌다. 순순히 죽을 것을 각오했던 우르수스는 리기아가 사나운 들짐승의 뿔에 묶여 있는 것을 보자, 불에 덴 사람처럼 등을 구부린 채 미친 듯이 날뛰는 짐승을 향해 돌진했던 것이다.

다음 순간, 우르수스는 성난 들소에게 덤벼들어 그 뿔을 잡았다.

"봐라!"

페트로니우스는 비니키우스의 눈을 가렸던 옷을 치웠다.

비니키우스는 열띤 눈으로 모래사장을 뚫어지게 바라보았다.

모두들 숨을 죽였다. 경기장 안은 파리가 나는 소리가 들릴 정도로 조용해졌다.

우르수스는 버둥거리는 들소의 뿔을 꽉 잡고 있었다. 두 발은 발목까지 모래 속에 파묻혀 있었고, 등은 시위를 당긴 활처럼 휘어져 있었으며, 머리는 두 어깨 사이에 묻혔고, 두 팔의 근육은 불끈 솟아올라 금방이라도 터질 것만 같았다. 그런데도 그는 그 자리에 버티고 서서 들소를 꼼짝 못하게 붙잡고 있었다.

들소도 사람과 마찬가지로 두 다리를 모래 속에 파묻고, 검은 털로 뒤덮인 몸뚱이를 거대한 공처럼 웅크리고 있었다.

우르수스의 괴력에 대한 소문을 듣고, '크로토를 죽인 그 사내와 들소를 싸우게 하자.'는 계획을 세운 것은 다름 아닌 황제와 티겔리누스였다. 지금 두 사람은 눈앞의 광경을 보고 놀란 나머지 이것이 실제로 일어난 일이란 것을 믿을 수 없는 모양이었다.

싸움은 영원히 계속될 것처럼 보였다.

별안간 신음과 같은 울부짖는 소리가 모래사장에서 울려 나왔다. 들소의 거대한 머리가 우르수스의 강철과 같은 두 팔 안에서 비틀어지고 있었다.

우르수스의 얼굴과 목은 자줏빛을 띠고 있었고, 등은 더욱 휘어졌다.

들소의 울부짖는 소리는 점점 더 약해져 갔고, 더욱 고통스러운 소리로 바뀌어 거인의 거친 숨소리와 뒤섞였다.

다음 순간, 모래사장 가까운 곳에 앉아 있던 관중들은 '우지끈!' 하고 뼈가 부러지는 소리를 들었다. 그리고 야수는 목이 부러져 그대로 모래사장에 푹 쓰러졌다.

우르수스는 눈 깜짝할 사이에 뿔에 묶여 있던 리기아를 풀어 두 팔에 안고 거칠게 숨을 쉬었다. 그의 얼굴은 창백했고, 머리카락은 땀으로 범벅이 되어 있었으며, 어깨와 팔에서는 땀이 뚝뚝 떨어지고 있었다.

이윽고 그는 눈을 쳐들어 관중을 바라보았다. 관중들은 소리를 지르면서 열광했다.

잠시 주위를 둘러본 다음, 우르수스는 황제가 있는 귀빈석 앞으로 갔다. 그리고 두 팔에 안고 있는 리기아를 내밀며 애원의 눈길을 보냈다. 그 눈길에서 그의 간절한 소원을 읽을 수 있을 것 같았다.

'이분을 가엾게 여겨 주십시오. 이분을 구해 주십시오. 내가 들소와 싸운 것은 오직 이분을 위해서였습니다.'

구경꾼들은 그가 무엇을 원하고 있는지 곧 알아차렸다.

관중들은 리기아에게 뜨거운 동정을 보내기 시작했다. 흐느껴 우는 사람도 있었다.

"살려 줘라!"

원로원 의원들도 모두 리기아를 살려 주는 데 찬성을 표시했다.

그러나 티겔리누스는 끝까지 반대했다.

"폐하, 승낙하지 마십시오. 뒤에는 친위군이 있습니다."

그 동안 참고 참았던 군중들의 분노가 터졌다.

"붉은 수염! 제 어미를 죽인 놈! 방화범!"

군중의 고함 소리에 네로는 흠칫했다.

마침내 황제는 엄지손가락을 위로 올리는 구명의 신호를 보냈다.

우레와 같은 박수 소리가 관람석의 위쪽에서 아래쪽까지 울려 퍼졌다. 그 순간부터 두 사람은 관중들의 비호를 받게 되었으며, 황제조차도 더 이상 그들에게 복수의 손을 뻗칠 수가 없었다.

쿠오바디스, 도미네

네 명의 비티니아 인 노예들이 리기아를 가마에 태워 페트로니우스의 저택으로 옮겼는데, 비니키우스와 우르수스도 그 뒤를 따라갔다.

리기아는 그날 밤에 의식을 되찾았다.

"여기가……. 어디지?"

밝게 빛나는 촛불을 바라보며 리기아가 중얼거렸다.

비니키우스는 리기아 곁에 무릎을 꿇고 앉아, 한 손을 살며시 그녀의 이마에 얹고 말했다.

"그리스도께서 당신을 구하여 내게 보내 주셨소."

리기아는 눈물을 흘렸다.

다음 날 밤, 베드로가 나자루스의 안내로 페트로니우스의 저택을 찾아왔다.

비니키우스와 리기아는 베드로 앞에 무릎을 꿇었다.

"그리스도께서 사도님의 기도를 듣고 리기아를 저에게 보내 주셨습니다."

비니키우스의 말에 베드로는 고개를 저었다.

"주님이 이 사람을 돌려주신 것은 당신의 믿음 때문입니다. 그리고 여러분들의 격려 속에서 이루어진 일입니다."

그 며칠 후, 궁전에 갔던 페트로니우스가 무서운 소식을 듣고 돌아왔다. 네로가 베드로와 바울을 사흘 안으로 체포하라는 명령을 내렸다는 것이다.

그 사실을 알리기 위해 비니키우스는 우르수스와 함께 베드로가 숨어 사는 미리암의 집으로 급히 달려갔다.

가는 도중 두 사람은 안내인을 앞세운 병사들이 집집마다 포위하고 있는 것을 보았다.

비니키우스와 우르수스가 미리암의 집에 도착하니, 베드로는 몇 명의 신도들에게 둘러싸여 앉아 있었다.

"내일 새벽에 알바누스 산지로 오십시오. 제가 거기에서 기다리고 있다가 안티움으로 안내하겠습니다. 저희는 시칠리아로 갈 예정이므로, 그 곳에다 배를 대기시켜 놓았습니다. 저희와 함께 시칠리아로 가시지요."

비니키우스가 베드로에게 말했다.

모두들 그렇게 하는 것이 좋겠다고 입을 모았다.

"나의 아들들이여, 언제 주님께서 우리를 부르실지 아무도 모르는 일입니다."

베드로가 말했다.

그러나 그는 로마를 떠나지 않겠다고는 말하지 않았다. 베드로는 앞으로 어떻게 해야 좋을지 망설이고 있었다.

베드로는 한없는 고뇌에 휩싸인 채 전능의 신에게 호소했다.

"주여! 당신이 제게 보호하라고 명하신 양들은 지금 모두 흩어졌습니다. 교회는 불타 없어졌습니다. 저는 이 곳에 있어야 할까요? 아니면 나머지 양 떼를 거느리고 바다 건너로 피신해야 할까요?"

근심과 번민의 시간을 보낸 끝에, 베드로는 마침내 로마를 떠나기로 결심했다.

이튿날 동이 틀 무렵, 베드로와 나자루스는 캄파니아 쪽을 향하여 아피아 국도를 따라 걸었다.

어슴푸레하게 날이 밝아 오면서 안개가 걷히고 마을과 들판이 제 모습을 나타내기 시작했다.

이윽고 아침 해가 언덕 위로 떠올랐다. 그러자 이상한 광경이 사도의 눈에 비쳤다. 커다란 황금빛 테두리가 하늘 위로 오르지 않고 언덕 쪽 대기에서 내려오며 다가오는 듯싶었다.

베드로는 걸음을 멈추었다.

"저 밝은 빛이 보이는가? 우리 쪽으로 다가오고 있는 것 같은데……."

"아무것도 안 보입니다."

나자루스가 대답했다.

"누군가 햇빛을 등지고 이쪽으로 걸어오고 있다!"

나자루스는 깜짝 놀라 사도를 쳐다보았다.

"스승이시여, 어디가 편찮으십니까?"

나자루스가 걱정스럽게 물었다.

베드로의 손에서 지팡이가 떨어졌다. 그는 입을 벌린 채 앞을 바라보고 있었다. 그의 얼굴에는 놀라움과 기쁨, 황홀감이 한꺼번에 나타났다.

갑자기 그는 땅에 무릎을 꿇고 두 팔을 쳐들며 큰 소리로 외쳤다.

"오, 그리스도여! 그리스도여!"

그리고 누군가의 발에 입을 맞추기라도 하듯이 땅에 머리를 대고 오랫동안 있었다.

이윽고 늙은 사도가 흐느끼는 소리로 말했다.

"쿠오바디스, 도미네(주여, 어디로 가시나이까)?"

이 물음에 대한 대답은 나자루스의 귀에는 들리지 않았다. 그러나 베드로의 귀에는 온화하고 슬픈 목소리가 들렸다.

"네가 나의 어린 양들을 버린다면, 나는 로마로 가서 다시 한 번 십자가에 못 박히리라."

드디어 몸을 일으킨 베드로는 떨리는 손으로 지팡이를 짚고, 입을 꼭 다문 채 로마를 향해 발길을 돌렸다.

그것을 보고 나자루스는 베드로가 외쳤던 말을 되풀이했다.

"쿠오바디스, 도미네?"

"로마로 가자."

베드로는 나지막한 목소리로 대답했다. 그리하여 그는 다시 로마로 돌아왔다.

바울, 요한, 그리고 리누스를 비롯한 모든 신도들은 놀라움과 불안한 마음으로 베드로를 맞이했다. 그가 떠난 후에 친위군 병사들이 미리암의 집을 수색하고 갔기 때문에, 그들의 놀라움과 불안은 더욱 컸다.

그러나 사도는 모든 질문에 대해 자못 기쁜 듯이 이렇게 대답했다.

"나는 주님을 뵈었습니다."

그날 저녁, 베드로는 오스트리아눔 묘지로 가서 사람들에게 설교를 하고 세례도 베풀었다.

그 후로는 매일 그 일을 되풀이했으므로, 신도의 수는 날마다 늘어갔다.

황제는 핏속에 잠겨 있었고, 로마와 이교도들은 모두 미쳐 있었다.

베드로는 네로도, 그의 군대도 살아 있는 진리를 이길 수 없다는 사실을 깨닫고 있었다.

그는 로마를 떠나려던 자신을 그리스도께서 되돌려보낸 까닭도 알게 되었다. 오만과 죄악과 퇴폐와 폭력의 소굴이었던 로마가 그리스도의 도시가 되어 가고 있었던 것이다.

드디어 두 사도인 베드로와 바울에게도 마지막 순간이 왔다. 죽음을 두려워하지 않고 전도를 계속하다가 친위군에게 붙잡혔던 것이다. 그러나 그들은 감옥 속에서도 두 영혼을 구했다. 마메르티누스 감옥에서 베드로의 경호를 맡은 병사 프로케수스와 마르티니아누스가 세례를 받은 것이다.

때마침 네로는 로마에 없었다. 네로에게서 임시로 로마를 다스리는 권한을 위임받은 해방 노예 헬리우스와 폴리테테스가 베드로와 바울에게 사형 선고를 내렸다.

베드로는 로마의 법률에 따라 처음에는 태형을 받았고, 다음 날은 바티칸 언덕에서 십자가에 매달리게 되었다.

병사들은 감옥 앞에 모여드는 수많은 사람들을 보고 놀랐다. 그들은 단순한 구경꾼이 아니라 위대한 사도를 사형장까지 따라가려는 신도들이었다.

오후가 되자, 베드로는 병사들에게 이끌려 감옥을 나왔다.

그는 천천히 걸어갔으므로 신도들은 똑똑히 그를 볼 수 있었다. 병사들 사이로 그의 흰 머리가 보이자 군중 속에서 흐느끼는 소리가 들려왔으나 그것도 곧 그쳤다. 늙은 사도의 얼굴이 기쁨으로 환히 빛나고 있었기 때문이다. 그는 마치 개선 장군처럼 위대해 보였다.

늘 고개를 숙인 채 걷던 이 어부가 지금은 꼿꼿이 허리를 펴서, 병사들보다도 키가 커 보이고 위엄이 넘쳐 있었다. 그의 모습이 이렇게 숭고하게 보인 적은 일찍이 없었다. 마치 군중과 병사들에게 에워싸여 걸어가는 군주의 모습 같았다.

"베드로 사도님은 주님 곁으로 가고 계신다."

이런 소리가 사방에서 들려왔다.

모두들 고문과 죽음이 그의 앞길에 기다리고 있는 것을 잊어버린 것 같았다. 그는 엄숙하고 조용하게 걸었다. 구경꾼들은 골고다의 죽음이 모든 인간의 죄를 사해 준 것처럼, 이번의 죽음도 이 도시의 죄를 사해 줄 것으로 믿고 있었다.

베드로는 하늘을 우러러 기도했다.

"주여, 당신은 제게 온 세상을 지배하고 있는 이 도시를 정복하라고 말씀하셨습니다. 저는 그 가르침을 따랐습니다. 주님은 이 곳에 주님의 도시를 세우라고 명하셨습니다. 저는 명하신 대로 했습니다. 이제 저의 임무를 끝마쳤고, 저는 당신 곁으로 가고 있습니다."

그는 신전 옆을 지나갈 때마다 그 신전을 향해 "이 곳은 그리스도의 교회가 될 것이다."라고 말했다. 또 눈앞에 모여드는 군중들을 보면 "여러분의 자식들은 그리스도의 종이 될 것이오."라고 말했다.

그의 모습은 온순하면서도 당당해 보였다.

병사들은 개선교를 건너 나우마키아와 투기장 쪽으로 그를 끌고 갔다. 강 건너의 교도들도 이 행렬에 끼이게 되어 군중들의 수는 더욱 불어났다.

행렬은 마침내 투기장과 바티카누스 언덕 사이에 멈춰 섰다. 몇 명의 병사들이 곧 구덩이를 파기 시작했고, 다른 병사들은 십자가와 망치와 못을 준비해 기다리고 있었다. 군중은 여전히 숙연한 표정으로 저마다 생각에 잠긴 채 주위에 무릎을 꿇고 앉았다.

베드로는 병사들에게 에워싸인 채 마치 통치자나 군주가 조상 대대로 내려온 영지를 둘러보듯 로마를 바라보면서 '내가 너를 대신하여 속죄 하리라.' 하고 중얼거렸다.

그러나 십자가를 세우기 위한 구덩이를 파고 있는 병사들은 물론 교도들조차도 지금 자기네들 앞에 로마의 참다운 지배자가 있다는 것을 깨닫지 못했다.

서쪽 하늘은 온통 불타오르기 시작했다. 병사들은 베드로의 옷을 벗기려고 그의 곁으로 다가갔다.

그런데 기도를 하고 있던 베드로가 갑자기 몸을 바로 세우더니 오른손을 높이 치켜들었다. 형의 집행자들은 이 모습에 두려움을 느낀 듯이 그 자리에 멈춰 섰다. 신도들은 그가 무슨 말을 하기를 기다리며 숨을 죽였다. 주위는 조용해졌다.

베드로는 최후의 순간을 맞아서 오른손을 내밀어 성호를 그으며 그들을 축복해 주었다.

같은 날 바울도 '살비애의 샘' 근처에서 '정의의 월계관을 주실 주님을 사모하며' 역시 사형을 당했다.

베드로와 바울이 죽은 후, 로마의 민심은 크게 흔들렸다.

그런 판에 피소의 반역 음모 사건이 일어났다. 이를 계기로 높은 자리에 있는 인물들이 잇달아 처형되었다.

그 후로 네로는 성벽 주위에 군사들을 배치하여 지키게 하고, 계엄령까지 선포했다. 반란의 눈치가 보이는 자들은 모조리 잡아 죽였다. 배반한 사람뿐만 아니라, 그 가족과 친구, 그리고 조금이라도 친분이 있는 사람은 무조건 죽이라고 명령했다. 나중에는 황후 포피아마저 순간적인 분노를 참지 못해 죽이고 말았다.

사람들은 아침에 눈을 뜰 때마다 오늘은 누구 차례인가 하고 서로 묻곤 했다.

비니키우스가 리기아와 함께 시칠리아에서 행복한 나날을 보내고 있을 무렵, 페트로니우스는 최후를 향해 다가가고 있었다.

황제는 갈수록 타락하여 야비하고 병적인 방탕 속에 빠져들었다. 그런 그에게 페트로니우스는 눈엣가시 같은 존재였다. 페트로니우스가 입을 다물고 있으면 비난의 뜻으로 여기고, 칭찬을 하면 자신을 비꼬는 것이라고 생각했다.

티겔리누스는 페트로니우스가 쿠매에 가 있는 틈을 타서 그를 피소의 반역 음모의 공범자로 몰았다. 그런 다음, 로마에 남아 있는 페트로니우스의 노예들을 모두 감옥에 넣고, 친위병을 보내어 그의 집을 지키게 했다.

페트로니우스의 죽음은 이미 결정되어 있었다. 이튿날 밤 백부장이 페트로니우스를 찾아와 다음 명령이 있을 때까지 쿠매를 떠나지 말라고 지시했다. 사형 선고는 며칠 뒤 다른 사람이 와서 전한다는 것이었다.

그날 밤, 페트로니우스는 노예들을 사방에 보내어 쿠매에 머물러 있는 모든 신하들과 그 부인들을 연회에 초대했다.

약속한 시간이 되자, 지금까지 여러 번 페트로니우스가 마련한 연회 때와 마찬가지로 많은 손님들이 모여들었다. 황제가 베푸는 연회에 비하면 훨씬 재미있고 야만스럽지가 않았기 때문이다. 그들은 그것이 '마지막 향연'이 되리라고는 꿈에도 생각지 못했다.

손님들은 포도주를 마실 때마다 잔을 기울여 몇 방울씩 죽음의 신들에게 뿌리며, 주인에 대한 가호와 은총을 빌었다.

손님들이 흥겨운 기분에 취해 있을 때, 페트로니우스가 안락의자에서 상체를 조금 일으며 세우며 평소와 다름없는 목소리로 말을 꺼냈다.

"조금 전 신들의 명예와 저의 행복을 위하여 축배를 드신 그 술잔을 여러분에게 선물로 드리고자 하오니 받아 주시면 감사하겠습니다."

무지개처럼 오색이 찬란한 페트로니우스의 술잔은 하나의 조각품이라고 할 수 있었으므로, 손님들은 모두 기뻐했다.

그런 다음, 페트로니우스는 네로에게 보내는 마지막 편지를 꺼내 읽기 시작했다.

폐하

저는 폐하께서 저의 방문을 몹시 기다리고 있고, 친구로서의 성실한 마음으로 밤낮 저를 그리워하고 계시다는 것을 잘 알고 있습니다.

하지만 용서하십시오. 지옥의 여러 신들, 그리고 그 곳에 계시는 폐하의 어머니, 황후, 형제들과 세네카의 망령을 두고 맹세합니다만, 저는 폐하의 명을 받들고 싶지 않습니다.

이렇게 말씀드린다고 해서, 폐하께서 그 동안 저지른 수많은 죄악에 관하여 비난하고 있는 건 아닙니다. 어차피 죽음이란 인간의 피할 수 없는 종말이니까요.

오, 삼류 시인이신 폐하여! 나는 더 이상 폐하의 엉터리 시와 형편 없는 춤, 불룩 튀어나온 배를 참을 수가 없습니다. 그래서 드디어 내 스스로 목숨을 끊어 버릴 결심을 했습니다.

로마는 폐하께서 시를 읊을 때 귀를 막고, 세상 사람들은 폐하를 조롱하고 있습니다. 저는 더 이상 폐하 때문에 얼굴을 붉히고 싶지 않습니다.

지옥의 문을 지키는 케르베로스의 짖는 소리는 폐하의 소리와 닮은 데가 있습니다만, 제게는 그 소리도 그다지 비위에 거슬리지 않습니다. 저는 일찍이 그 개의 친구가 된 적이 한번도 없었기 때문입니다.

폐하, 앞으로는 제발 낭독은 하지 마시고, 사람을 죽인다 해도 시는 짓지 말 것이며, 독살은 하셔도 춤은 추지 말 것이며, 방화는 하셔도 수금은 타지 말기를 간절히 바라 마지않습니다. 이것이 풍류를 아는 이 친구로서 드리는 마지막 충고입니다.

손님들은 공포에 질려 몸이 굳어졌다. 그들은 네로가 로마 제국을 잃는 것보다 더 심각한 타격을 받게 될 것이라는 사실을 알고 있었기 때문이다. 그들은 또 이런 편지를 쓴 사람이 틀림없이 사형을 당하리라는 것도 잘 알고 있었다. 그런 편지를 읽는 것을 들은 자기네는 어떻게 될 것인가 생각하니 모두들 공포에 사로잡혔다.

그러나 페트로니우스는 그것이 마치 악의 없는 농담이기나 한 것처럼 큰 목소리로 유쾌하게 웃었다. 그리고 사람들을 둘러보며 말했다.

"아무 걱정 마시고 유쾌하게 즐기십시오. 이 편지를 읽는 것을 들었다고 일부러 자랑하실 필요는 없습니다."

마침내 페트로니우스는 그리스의 의사에게 눈짓을 하고 한 팔을 내밀었다. 노련한 의사는 순식간에 그 팔을 황금빛 끈으로 잡아매고 손목의 동맥을 끊었다. 피는 바닥을 적시면서 에우니케에게로 흘러갔다. 에우니케는 페트로니우스의 머리를 안고 그 위에 몸을 굽혔다.

"나리, 저도 나리의 뒤를 따르겠습니다."

에우니케도 그 장밋빛 팔을 의사에게 내밀었다. 곧 피가 흘러나와 페트로니우스의 피와 뒤섞였다.

페트로니우스의 팔은 힘을 다하여 에우니케를 포옹하며 최후의 숨을 거두었다……. 그의 머리가 뒤로 처졌다.

황제가 아캐아에서 돌아오던 날 오후, 여기저기 신전 기둥이나 벽에는 무수한 낙서가 적혀 있었다. 그것은 황제의 온갖 범죄를 늘어놓고, 복수의 날이 다가왔다는 것을 일러 주었고, 예술가로서의 네로를 풍자하고 있었다.

불안에 찬 소문이 시내에 퍼졌으며, 어처구니없이 과장되어 갔다. 신하들은 공포에 사로잡혔다.

그런데도 네로는 여전히 연극과 음악으로 나날을 보냈다.

티겔리누스를 비롯한 가까운 신하들은 황제가 반란군을 진압할 수 있는 대책을 세우지 않고 음악과 연극에만 빠져 있는 것을 보고 당황하기 시작했다. 갈바와 이스파니아가 반란을 일으켰다는 보고를 받고 네로는 미친 듯이 노했다. 그는 향연의 자리에서 술잔을 깨뜨리며 식탁을 뒤엎고 잇달아 명령을 내렸으나, 티겔리누스조차도 도저히 그것을 실행할 수가 없었다. 이제 그의 시대는 지나갔고, 전에 함께 죄악을 저질렀던 공범자들도 이제는 그를 미치광이로 생각하고 있었다.

그러던 어느 날 밤, 한 친위군 병사가 네로에게 달려와 병사들이 갈바를 황제로 선언했다고 알려 왔다.

그 때 네로는 잠을 자고 있었는데, 그 말을 듣고 자기 침실을 지키고 있는 친위병을 불렀다.

그러나 대답하는 자가 없었다. 궁전은 이미 텅 비어 있었던 것이다.

네로는 어디론가 도망쳐야 한다고 생각했다. 그는 혼자서 헤매고 다니며 공포와 절망의 외침으로 온 궁전을 울렸다.

그 소리를 듣고 해방 노예인 파오가 나타나, 네로에게 노멘타나 문 밖에 있는 자기 별장을 은신처로 제공하겠다고 했다.

마침내 황제와 파오는 망토로 얼굴을 가린 채 로마의 변두리 쪽으로 말을 몰았다. 그러나 거리에는 벌써 사태가 심상치 않음을 보여 주는 조짐이 나타나고 있었다. 병사들은 한 사람씩, 혹은 작은 부대를 이루어 시내 군데군데에 배치되어 있었다.

노멘타나 문은 열려 있었다. 새벽녘에 황제와 파오는 별장에 도착했다.

그 때 파오가 보냈던 사자가 돌아왔다. 원로원은 이미 선고를 내렸는데, 근친을 죽인 자는 옛 의식에 따라 벌하기로 했다는 것이었다.

"옛 의식이란 어떤 거냐?"

핏기 없는 입술로 네로가 물었다.

"목을 형틀에 끼워 놓고 죽을 때까지 매질을 하는 것입니다. 그런 후에 시체는 티베리스 강에 버리게 됩니다."

해방 노예 에파프로디투스가 불손하게 대답했다.

"아아, 위대한 예술가의 죽음이란 이런 것인가!"

네로가 하늘을 쳐다보며 탄식했다.

밖에서 말발굽 소리가 들려왔다. 백부장이 네로의 목을 가지러 오는 모양이었다.

네로는 칼을 목에 댔으나, 떨리는 손으로 약간 찔렀을 뿐이다. 그에게는 푹 찌를 만한 용기마저 없었다.

그러자 에파프로디투스가 네로의 손을 잡고 깊숙이 찔렀다. 네로의 눈은 허공을 쳐다보고 있었다. 보기에도 끔찍스럽고 겁에 질린 커다란 눈이었다.

"사형이 미루어졌습니다!"

백부장이 뛰어와서 소리쳤다.

"이젠 늦었다."

네로가 가쁜 숨을 몰아쉬며 외쳤다.

순식간에 죽음의 그림자가 그를 뒤덮기 시작했다. 그 목에서 솟아나오는 검붉은 피는 정원의 꽃밭으로 흘러갔다. 그는 땅바닥에서 두 다리를 버둥거리다가 끝내 숨을 거두었다.

그리하여 네로는 사라졌다. 하지만 베드로의 예배당은 지금도 바티카누스의 언덕에서 로마와 온 세계를 지배하고 있다.

옛날의 카페나 문 곁에는 지금도 작은 교회가 서 있는데, 그 곳에는 글씨가 반쯤 지워져 잘 보이지 않지만, 다음과 같이 쓰여 있다.

'쿠오바디스, 도미네(주여, 어디로 가시나이까)?'

작품 알아보기
(장편문학)

〈쿠오바디스〉는 '주여, 어디로 가시나이까' 라는 뜻의 라틴 어로 베드로가 십자가에 끌려가는 예수를 보며 한 말이라 한다. 1896년에 발표된 이 작품은 제목에서도 짐작할 수 있듯 로마에서 벌어지는 그리스도교 신앙의 투쟁이라는 역사적 사건을 배경으로 한다. 로마의 귀족 청년 비니키우스는 로마에 인질로 잡혀 와 있는 그리스도 교도 리기아의 아름다운 모습을 보고 한눈에 반한다. 그는 네로 황제의 총애를 받고 있는 숙부 페트로니우스에게 부탁해 리기아를 집에 데려오려 하는데, 도중에 그리스도 교도들이 그녀를 다시 데려간다.

비니키우스는 리기아를 되찾으러 가는 중에 리기아의 충복인 우르수스에게 부상을 당하게 된다. 이것을 계기로 비니키우스는 그리스도 교도들로부터 간호를 받으며 리기아와 사랑을 나눌 수 있게 된다.

네로의 방화로 로마에 대화재가 발생하여 한동안 헤어졌던 두 사람은 다시 만나 약혼을 하고 비니키우스는 마침내 그리스도 교도가 된다. 네로는 로마의 화재에 대한 책임을 그리스도 교도에게 뒤집어씌워 대학살을 시작한다.

리기아도 원형 광장에 끌려나와 물소의 뿔에 받힐 위기에 처하

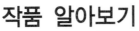

작품 알아보기
(장편문학)

지만, 우르수스의 도움으로 살아남는다. 비니키우스와 리기아는 페트로니우스의 도움으로 시칠리아의 한 섬으로 탈출하여 행복한 생활을 시작한다.

한편, 페트로니우스는 네로의 미움을 산 자신이 곧 죽게 될 것임을 알고 스스로 동맥을 끊어 자살한다.

네로 또한 병사들의 반란으로 칼에 찔려 죽게 된다. 어머니와 부인을 죽이고, 노예들을 경기장에 몰아넣어 맹수의 밥이 되게 했으며, 예술을 위한다는 명목으로 로마 시내를 불태워 많은 사람들에게 고통을 주었던 죄값을 치르게 된 것이다.

이 작품은 남녀 간의 아름다운 사랑과 그리스도 교도들의 숭고한 신앙심을 보여 준다. 또 악은 반드시 무너지고 만다는 정의를 일깨워 주는 소설이다.

시엔키에비치는 옛 소련의 지배하에 있던 폴란드의 독립을 위해 싸운 애국지사였다. 그는 이 작품을 씀으로써 박해받고 있는 폴란드 민족에게 정의와 진리는 승리한다는 것을 호소하였다. 그는 이 작품으로 인해 1905년에 노벨 문학상을 받았으며, 이후 외국에서 영화화되는 등 세계적으로 유명해졌다.

논술 길잡이
(장편문학)

❶ 〈쿠오바디스〉는 로마 시대를 배경으로 한 이야기이다. 로마
사람들의 생활 모습과 오늘날 우리들의 삶의 모습을 비교하
여, 그 차이점을 찾아 정리해서 써 보자.

❷ 노예 제도가 있었던 로마 시대에 노예들은 무조건 자기 주
인의 명령을 받들고 따라야 했으며 자유로운 생활을 할 수
없었다. 뿐만 아니라 물건이나 가축처럼 노예도 사고 팔 수
있었다. '인간 평등'이라는 입장에서 노예 제도를 어떻게 생
각하는지 자기의 생각을 써 보자.

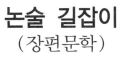

논술 길잡이
(장편문학)

❸ 아래 글을 읽고 비니키우스가 어떤 사람에서 어떤 사람으로 바뀌게 되었는지를 써 보자. 그리고 비니키우스가 변화하게 된 계기가 무엇인지도 함께 써 보자.

"문을 두드리면 열릴 것입니다. 주님의 영광과 은총이 당신 위에 있습니다. 그러므로 나는 구세주의 이름으로 당신의 영혼과 사랑을 축복합니다."
베드로가 비니키우스에게 두 손을 내밀며 말했다.
이 축복의 말을 듣자, 비니키우스는 베드로에게 달려갔다,
그러자 이상한 일이 일어났다. 조금 전까지만 해도 이국인을 인간으로 여기지 않았던 순수한 로마 인의 후예가 이 갈릴리 노인의 손을 잡고 감사한 나머지 입술을 갖다 댔던 것이다.

❹ 다음 그림은 로마가 불타고 있는 모습을 그린 것이다. 로마의 황제 네로는 잘못된 정치를 하여 수많은 사람들을 죽게 했고, 로마 시민들의 삶을 어렵게 하다가, 그 역시 비참하게 죽고 만다. 네로 황제에게 올바르게 정치할 것을 권유하는 편지를 써 보자.

논술 길잡이
(장편문학)

❺ 로마 인들은 그리스도교를 박해했기 때문에 그리스도 교도 들은 숨어 지낼 수밖에 없었다. 왜 로마 인들은 그리스도 교 도들을 박해했는지, 그 이유를 본문에서 찾아 써 보자.

_____

_____

_____

_____

❻ '쿠오바디스' 라는 제목은 무엇을 뜻하는지를 본문에서 찾 아 써 보고, 그 의미에 대해 생각해 보자.

_____

_____

_____

_____

논·술·세·계·대·표·문·학 〈전60권〉

펴 낸 이   정재상
펴 낸 곳   훈민출판사
주   소   경기도 고양시 덕양구 원당동 416번지
대 표 전 화 (031)962-3888
팩   스   (031)962-9998
출 판 등 록 제395-2003-000042호